宮城 顗

僧にあらず、俗にあらず

確かな生き方を求めて

法藏館

僧にあらず、俗にあらず

――確かな生き方を求めて――

＊

目次

非僧非俗の精神

ねんごろの心――『御消息』に学ぶ――

凡　例

一、引用文献、および本文の漢字は、常用体のあるものは常用体を使用した。

一、引用文献は、以下のように略記する。

『真宗聖典』（東本願寺出版）……………………「聖典」

『真宗聖教全書』（大八木興文堂）………………「真聖全」

『定本親鸞聖人全集』（法藏館）…………………「定親全」

僧にあらず、俗にあらず

――確かな生き方を求めて――

非僧非俗の精神

俗世間を生きることの意味

「非僧非俗の精神」という講題を与えられております。

「非僧非俗（僧に非ず俗に非ず）」という言葉ですが、私たちはふつう「僧でなければ俗」と、どちらかと考えるのではないでしょうか。僧でないのを俗と、従来から言ってきているのですから、人間がこの世を生きていく在り方としては、僧か俗かのどちらかということになるはずなのです。それなのに、「僧に非ず俗に非ず」と、両方とも否定してしまったら、いったいどういう在り方になるのか。「僧に非ず俗に非ず」と、言葉としてはそう言い切れますけれど、一人の人間として、具体的にいったいどういう在り方がそこに開かれてくるのか。そういうことが疑問になってくるわけです。

それで、あらためて僧と俗ということを考えてみたいと思います。まず「俗」という文字ですが、偏《へん》は「イ」で、これはもちろん人を表します。そして旁《つくり》は「谷」ですね。辞書に拠りますと、この谷とは、両側から崖が迫っていて、限られている場所のことをいうわけです。両側から崖が迫っていて、えぐられた所といいますか、そういう形を表すわけです。そういうことから、「俗」という文字は、じつは「限られた形の中にいること」という意味が、俗という言葉のいちばん元の意味だと辞書には説明されていました。限られた形の中で、ある意味で自由を奪われて、生き方を制限されて生きている者という意味が、俗という言葉の元の意味としてあるのだそうです。

つまり、俗世間とこう申しますけれど、俗世間というのは、それぞれの時代社会における一つの型といいますか、決められた型があるわけでありまして、その型を守っている限り周りから何の抵抗もなく受け入れられていく。しかしその型を破って、自分を主張しようとすると叩かれる。そういうことがございますね。それからまた、そういうことをもっと超えて、本来私たちはその型を自分として生きているということがある。つまり、一つの価値観、たとえば、それぞれの時代、それぞれの国において、人々がこれがいちばん尊いことだ、これが大事なことだと立てられてきている価値観がございますね。それから生きる上での、いろいろな習慣とか、周りの人たちとの関わり方の問題とか、いろいろな面で、私たちは型をほとんど意識しないほどに身に受けて生きているということがございます。

これはよく紹介させていただくのですが、フランスのアランという方が、まことにおもしろいことをおっしゃっているのですね。それは、「梨の木が梅の実を成らさないからといってとがめだてをしない、これが人間としての義務である」と、こういうことをおっしゃっているのです。ちょっと考えたら、そんなこと当たり前ではないかと思います。梨の木に梅ができたら大変ですわね。梨の木に梅ができないのは当たり前であって、そんなものをとがめろと言われてもとがめようがないと思ってしまいます。けれども、自然に成る梅の実とか梨の実というところでは、まあ誰もとがめだてしようなどとは思いもしないでしょうが、じつはその梅の実というのは、その社会での価値意識ですね。人間としてこれがいちばん価値があるのだと、あるいはこれをたくさん持っていると幸せになれるんだと、そういうものの譬えとして見ますと、これは私たちの生き方に関わってまいります。いちばん身近なところでいえば、子どもたちが今学校で勉強していますが、学校での成績、これは通知表の評価では最高が5ですかね。その最高の評価を梅の実とこうお考えになれば、親が子どもたちが持ち帰った通知表を見て、「なんだお前、5がちっともないじゃないか、隣の子はいくつあると聞いたぞ。おまえは何をしとる」というようなことを申しますね。

これは、梨の木が梅の実を成らさないということと同じ問題です。子どもは梨の木なのかもしれないですね。子どもは一生懸命梨の実をつけようとしている。しかしそれを少しも理解せずに、「なんでお前は梅の実をつけないんだ」と、こう家庭や学校で、教育という問題のところで押し付け、とがめだてをしているということに思い当たるわけです。ちょっとアランの文章だけ読むと、何のことだと思うんですけれど、あらためて振り返って考えてみますと、案外、私たちも梅の実が尊いんだと教えられていて、ともかく梅の実を人より一つでも多くと、そういうことで人を計ってしまう。また自分自身に限って申しましても、本当に自分が何をしようとしているのかを考えないままに、世間の型を追い求めて、梅の実をつけようと一生懸命無理をしている。

そして何とかナンバーワンになろうと喘《あえ》いでいる。何かこう、私たちが生きていく上で、これは価値がある、これは価値がないと、そういうことを決めていくにも、ちゃんとその時代その社会の型にいつの間にか、当てはめて見てしまうということがございます。

国が求める僧としての型

サッカーのワールドカップの時には、髪の毛の色や形がいろいろございましたですね。ここ数年前から、さまざまな髪の毛のファッションが流行っています。それぞれ自分の個性を一生懸命一人ひとり主張しているわけですが、全体として見ると、やっぱり時代の型なんですね。

驚きましたのは、このごろ若い女の方が、革でしょうかねあれ、腰に巻いて片一方にバランと垂らしているのを、ご存じありませんかね。街でそんなのを見かけましたら、そのうちアッという間に、出会う女の方がみんな腰に巻き付けておりますね。

はーっと思いました。色や形、その本数やらにはそれぞれ個性があるのでしょうが、しかし全体としてはやはり型を超えられない。

「俗」という言葉が、そういう型という意味をもって作られた文字だということをあらためて教えられました。ですから私たちは、この社会で生きていますとき、なかなか裸になれないわけでありますね。いつも、その社会で作られている型の何かを身にまとって生きている。そうしている限り、安心していられる、そういうことがございます。

そしてそのことからいいますと、じつは親鸞聖人が生きられました時代の「僧」というのも、また同じように型にはめられた僧でしかなかったということがあるわけです。国が求める僧としての型、その型を守っている限り国はこれを保護する。けれども国の型を破って自分たちの型を押し通そうとすると、国はその権力でこれを排除する。そういう意味から申しますと、僧というのも決して型から自由ではなかった。

それで、親鸞聖人が「非僧」とおっしゃいましたことの内には、次のような思いが込められているのです。自分は今まで僧侶だと思っていたと。僧侶というのは、仏法によって生きていくものですね。仏法によって僧たらしめられる。自分はその仏法によっての、仏法に生きる僧だと思っていた。ところが、承元の法難の時に、法然上人らと共にそれぞれ流罪に処せられた。その流罪に遭われたということは、もちろんこれは大変なことでございますね。大変厳しい生活が待っているわけですが、それ以上に、おそらく親鸞聖人が愕然とされたのではないかと思いますのは、自分は仏法を求め仏法に生きるということにおいて、僧侶としての在り方を自らこれまで歩んできたと思っていたけれども、どうもそうではなかった。当時の国の権力によって、お前を僧として認めてやると言われていただけだった。それで今は、お前らの在り方はけしからんから、もう僧であることを認めないと。そういうかたちで流罪に遭われる。そうしてみると、仏法によって僧であったのではなくて、時の権力を握っている人によって僧だと認められて、一応僧侶だと受け入れられていただけのことであった。そういう意味では、僧ということも、まったく俗の中に組み込まれた僧でしかなかった。同じ俗世間を支配する型、権力のもとに僧も組み込まれていたにすぎない。

ですから、僧であることの資格を奪われて、今度は俗名を賜ったと、こう言われるのですね。俗名を与えられたと。これは、まあ罪を犯したけれども、お前も国の国民の一人として認めてやるということでしょう。その意味で俗名を与えると、こういうことでしょうね。しかし、国によって与えられた俗名ですから、また国によっていつ奪われるかもしれない名であるわけです。そうしますと、僧も俗も、結局はそういう大きな力、権力、そういうもののもとで与えられていた在り方にすぎない。そういうことが、法難ということを通してあらわになってきた。

ですから、親鸞聖人が「僧に非ず俗に非ず」と、こう言われました時、じつは、人間というのは、そういう権力、時の政治を担っている人々のその力によって認められたり認められなかったり、受け入れられたり排除されたりしていくような、そういう存在ではないんだ。人間というのは、そういうものではないということを、親鸞聖人はあらためて明らかにしていこうとされた。「非僧非俗」ということは、人間そのものに帰るといいますか、人間そのものとして生きる、そういう道を歩み出すという意味が、あの名のりには込められているのでしょう。

非僧非俗は「人間とは何ぞや」という問いかけ

親鸞聖人は、人間ということを非常に尊ばれるといいましょうか、大事にしていかれました。今の非僧非俗という言葉は、『教行信証』のいちばん最後の「後序」に書かれているのですけれども、その中に、その法難のことから、親鸞聖人のご自身の歩みが押さえられています。

その「後序」のすぐ前に、孔子の『論語』の文がぽこんと引かれているのです。そこまでは、ずっと全部経典の言葉であり、七高僧をはじめとする多くの仏者の言葉が引かれているわけですが、六巻にわたって『教行信証』に引文してこられました結びのところに、『論語』というような、それこそあえていえば世間の文章、仏典に対して世間の書物と言っていいかと思いますが、その『論語』の文章をぽこんと引いておられるのですね。

『論語』に云《い》わく、季路《きろ》問わく、「鬼神《きじん》に事《つか》えんか」と。子《し》の曰《い》わく、「事《つか》うるこ

とあたわず。人いずくんぞ能《よ》く鬼神《きじん》に事《つか》えんや」と。（「化身土巻」聖典三九八頁）

そこでは、孔子の弟子の季路《きろ》という人が、孔子に鬼神につかえるということについて質問したわけです。その質問に対して孔子がお答えになったわけです。

ただ、『論語』の原文では、孔子は、「子曰く、未だ人に事《つか》うることあたわず。いずくんぞ能く鬼神に事《つか》えんや。（子曰、未能事人、焉能事鬼神）」と答えておられるのです。「事」という字を「つかえる」と読ませております。そしてその意味は、「まだ人にさえ充分につかえることができずにおる、どうして鬼につかえることができようか」と、こういう答えなのですね。これは、まだ人にさえつかえることができないものが、ましてや鬼につかえるなんてことができるはずがないという言い方です。そうしますと、人につかえるより鬼につかえるほうがもっと難しいということになってきますね。そして孔子は、まず人によくつかえるということがあって、初めて鬼につかえることができるのだと、こう答えられたという意味になるわけです。これが原文の読み方ですね。

ところが親鸞聖人は、いつもそういうことをなさるのですが、「未能事人、焉能事鬼神」という文を、「未」を「不」に変えた上で「不能事」とここで切ってしまわれて、「人焉能事鬼神」を続けて読まれたわけです。そうすると「事《つか》うることあたわず。人いずくんぞ能く鬼神に事《つか》えんや（不能事、人焉能事鬼神）」という読み方になる。そうすると、人間がどうして鬼神になんかにつかえられようかと、こういう意味に変わってしまう。人間を主語にしまして、人間ともあろうものがどうして鬼神になんかにつかえることができるかと。人間という存在はそんな存在ではない。そこに人間であることの尊さといいますか、人間であることの意味を深く見つめていかれた。これは漢文だからこういうことができるのですね。親鸞聖人は、しばしばなさるわけですが、同じ文章をちょっと切るところを変えたり、読み換えますと意味が違ってしまう。

ここも、普通の『論語』の参考書を見ますと、全部「未だ人につかえることができない、その私がどうして鬼神につかえることができようか」と、こういう意味に解釈されています。ところがそれを、親鸞聖人は、「事《つか》うることあたわず。人いずくんぞ鬼神に事《つか》えんや」という読み方に変えてしまわれた。そうすると、人は鬼神になんかにつかえるものじゃない、人間というものはそんな存在ではないんだと。いわゆる鬼神を恐れ、鬼神にビクつき、何とか鬼神のご機嫌をとって身の安全をはかる、そんなものじゃないんだと、こういう意味になる。そのようにして、人であることの意味を非常に強く深く明らかにしていかれたのが、親鸞聖人でございます。

ある意味では、「化身土巻」の全体が、いわゆる自力の仏道を批判する、聖道自力《しょうどうじりき》の道と外道《げどう》とその二つを批判することを内容とするものです。その「化身土巻」の前半は、聖道批判、そして後半は外道批判という構成になっていますが、その「化身土巻」の主題は何かといったら、人間の尊さを明らかにすることだと。鬼神につかえるようなものじゃない、そういう人間の尊さを明らかにしていく。ですから「僧に非ず俗に非ず」ということの言葉も、じつは、ただ法難という罪に問われて僧としての資格を奪われた、だからもはや僧ではない。しかし仏法を生きようとする心があるのだから俗ではないと、こういう意味で非僧非俗とおっしゃったということにとどまらないと思うのです。私には、もっと深く、非僧非俗という言葉を通して「人間とは何ぞや」ということを、そこから親鸞聖人はずっと本願に問うていかれた。そういうことが思われるわけでございます。

ですから、非僧非俗という言葉は、押さえていえば、「人間とは何ぞや」という問いかけとして、私には聞こえるわけでございます。そこに、この言葉の大切な意味があるように思うわけです。

外道とは自分の外なるものに寄りかかる道

「化身土巻」の末巻は、外道批判が展開されているわけですが、そのはじめのところで、

『涅槃経《ねはんぎょう》』（如来性品）に言《のたま》わく、仏に帰依《きえ》せば、終《つい》にまたその余の諸天神《てんじん》に帰依せざれ、と。

『般舟三昧経《はんじゅさんまいきょう》』に言《のたま》わく、優婆夷《うばい》、この三昧《さんまい》を聞きて学ばんと欲《おも》わば、乃至自ら仏に帰命《きみょう》し、法に帰命し、比丘僧《びくそう》に帰命せよ。余道に事《つか》うることを得ざれ、天を拝することを得ざれ、鬼神《きじん》を祠《まつ》ることを得ざれ、吉良日《きちりょうにち》を視《み》ることを得ざれ、と。（聖典三六八頁）

このように、帰依三宝の言葉が引かれています。

そしてまた、「化身土巻」末巻の結びのところに、

天台《てんだい》（智顗）の『法界次第《ほっかいしだい》』に云わく、一つには仏に帰依《きえ》す。（中略）二つには法に帰依す。（中略）三つには僧《そう》に帰依す。（聖典三九七頁）

と、天台大師智顗《ちぎ》の言葉によって、帰依三宝が結ばれているわけですね。ですから、外道とは何かといいますと、決して仏法以外の道ということではありません。一つには、自分の外なるものに寄りかかり頼む、そういう道ですね。外道とは、自己の外なるものを力として頼み、それに寄りかかる道。ですから、外道は鬼神を頼む道で、我々は仏さまを信じているから外道ではないと思われるかもしれませんが、決してそうではございませんですね。

検事総長をしておられました伊藤榮樹《しげき》という方がおられました。名古屋のご出身だそうです。この方は癌でお亡くなりになりましたが、非常に意志の堅い理性的な方でありまして、病気がわかってから亡くなるまで、あらゆることについてきちっと処置をして、そして最後まで検事総長としての仕事も果たして亡くなっていかれたわけで、

本当に意志の強い立派な人でございます。病気がわかってから亡くなるまでの間、いろいろ思われたこと、考えられたことをまとめて本にして出版されました。それが、『人は死ねばゴミになる』という題名の書物です。その書物の中で、奥さまに自分が死んだ後のことをお話しになっている。自分の家は名古屋にあって、それこそ真宗大谷派の門徒であると。だけど、私は人間の力を超えた神や仏にすがって心の安らぎを得ようとは思わない。自分の家は真宗大谷派だけれども、私はまったく信仰とは無縁に生きている。だからそういうことにとらわれずに死を処理してくれればいいということをおっしゃっているわけです。そこからわかるのは、伊藤さんにとっての宗教というのは何か、信仰とはどういうものかというと、人間の力を超えた神や仏にすがって心の安らぎを得る道が宗教だと、こう理解しておられるということです。そのように理解した上で、私はそんなものを必要としない、認めない。だから私は無宗教だと、こう言い切っておられるわけでございます。

ところがじつは、人間の力を超えた神や仏にすがって心の安らぎを得る道が宗教なのではなくて、信じる対象が仏さまであっても、それは外道に過ぎないというのが、親鸞聖人の教えなのです。仏さまを立てているのだから仏教だと、そうはいかない。仏さまを神さまや鬼神と同じように、どこか向こうのほうにいらっしゃる絶対的な存在として立てて、その存在にすがって心の安らぎを得、幸せを求めるというのなら、それは外のものを頼りにして幸せを求めようとする外道にすぎないのです。

外道というのは、対象の違いではありません。私は仏さまで、あんたは神さまかと、対象は違いましても心は同じでございますね。心の構造でいえば、神さまを頼りにしている人の心も、仏さまを頼りにしている人の心も、同じなんでしょう。そういう点を、親鸞聖人は非常に厳しく見つめられています。どれだけ仏を敬っているように見えても、仏をそういう力として立てて、それに頼もうとしているのなら、それは外道だと。そういう精神がずっと流れているわけでございます。

親鸞聖人が「人間とは何ぞや」というときに、まず、そういう何か外のものにすがらなければ生きていけないような、そういう存在ではない。何か大きな力を当てにして、その力にすがって生きていく、そうしなければ生きていけない、そんな情けない存在ではないんだということを、親鸞聖人は明らかにしていかれた。そうではなくて、外に求める必要がない、あなた自身のいのちの中にあなたを支え、あなたをうながし続ける力があるんだと。はたらきがあるんだと。

それは『無量寿経』においては、「道意」という言葉で表されていて、非常に大事に使われています。人間には「道意」というものがある。道の意《こころ》でございます。そこからすべてが生まれてくるもの、それを道という。中国以来の言葉です。私たちを、人間として歩ませてくれる大きな力が、あなた自身の中にある。その力にどうか目覚めてほしい。本願というのも、じつはそういう私たちの内なる道意に呼びかけ続けてくださっている言葉であって、それを親鸞聖人は「本願招喚《しょうかん》の勅命」（「行巻」聖典一七七頁）とおっしゃいました。何を呼びかけ続けてくださっているかといえば、あなた自身の中にその心があり、力があるのだということですね。何か外のものにすがって、ただひたすら安穏を願わなくてはならないような存在ではないんだということを明確にしてくださいました。だからこそ、親鸞聖人は信心の第一の姿は自分自身を深く信ずるという「深信自身」と、こういう言葉でおっしゃいます。

第一の深信《じんしん》は「決定《けつじょう》して自身を深信《じんしん》する」（『愚禿鈔』聖典四四〇頁）

と、深く自身を信ずるのが第一の深信だと、『愚禿鈔』の中で押さえてくださっています。あなた自身を本当に受け止め、あなた自身を本当に生きてくださいという願いが、そこには語りかけられていると言っていいかと思います。

生き方に迷う意味

人間というのは、「人間は万物の霊長である」というように、他のすべての生き物よりも上なるものとして自負してきたりしているわけですけれど、じつは人間だけが生き方に迷うということがあるのですね。他の動物は、みなちゃんと生き方が遺伝されているのです。身に遺伝しているものがありまして、海岸の砂浜の穴の中で生まれたウミガメの子どもは、穴から出るとすぐ一目散に海の中へ入っていく。誰に教えられたわけでもなく、命令もされないけれども、一匹一匹全部、一生懸命手足をバタつかせて海の中へ入っていく。それから、クモなんかは、これまた別に訓練所に入って訓練を受けたわけではないんですけれども、みごとな巣を張る。あの巣なんていうものは、科学的に調べても大変なものだそうですね。その土地の風の通り具合とか、その巣の大きさとか、一本一本の線の間隔とか、そういうものを計算すると、みごとに合理的に作られているそうでございます。またアリが巣を作る、そしてそういう巣で集団生活をする。あるいは馬にしましても、産み落とされるとすぐに立ち上がって走ろうとする。そういうことがちゃんと遺伝されている。

ところが人間だけは、生まれてまず何か月間かは、ただ手足をバタバタしながら泣いているだけですね。そこには、自分で生きていくということがまったく遺伝されていない。人間にあっては、肉体的なものだけは遺伝があるのですが、精神的といいますかそういう方向ではまったく何の遺伝も受けていないのが人間だそうでございます。ですから人間といいますのは、いつまで生きても迷いが消えませんわね。私もとうとう七十歳を越してしまいましたけれども、七十年生きてきても生き方に迷います事あるごとに、どう生きるべきなのか迷う。少しも、迷うことなくスイスイ生きていけるようにはならない。そしてその中で、また退屈を感じたり不安に陥ったり、もがいているわけでございますね。その意味では、本当に人間というものは、万物の霊長どころではなくて、他の動物から見れば逆に哀れな存在と見えるのかもしれませんね。

ただその、いくつになっても迷う、その迷いというものが、ただ迷っているわけではありませんね。何か確かな生き方をたずねている。確かな自分を求めている。なかなか、確かな生き方も確かな自分も見つからないものですから、不安に陥ったり、空しさや退屈に悩んだりします。退屈ということも非常に深い問題ですね。仏教におきましても、退屈という問題は非常に深く押さえてございます。

退屈の裏に感動を求めている

ハイデッガーという人が、退屈というものを三種類にまとめておられます。一つは、何にもすることがないという退屈です。これはちょうど、ローカル線の駅で、駅に着いたら汽車が出た後だったと。ローカル線ですから、次の汽車まではずいぶん時間がある。だけど駅の周りには田圃が広がっているだけで何にもない。ただもうじっと待っているほか仕方がない。そういう状況ですね。何にもすることがない。そういう退屈さがあります。だけどこれは、誰か人が来たり、何かが起こったりすれば忘れてしまう退屈ですね。

それから第二の退屈は、たとえばパーティーに呼ばれて行った。それで、ご馳走を食べたり話をしたり、ダンスをしたり、それはそれで非常に楽しかった。その時その時は、時が経つのも忘れるくらい楽しかった。だけど、家に帰ってきて腰を下ろした時、何をしているのかなあと。いったい自分の人生何しているのかなあと、そういう思いが頭をもたげる。その時その時は楽しいのだけれど、振り返って自分の生活全体をふと心に受け止める時、いったいこうしていてどうなっていくのかなあと、そういう退屈さ。

それはパーティーなんてことを言わずとも、毎日の生活でもありますね。毎日の生活はけっこうそれなりに刺激がありますね。うれしい刺激もあれば悲しい刺激もある。笑ったり、泣いたり、怒ったり、その時その時は夢中でございます。だけど、振り返った時に、いったい何をしてきたのかなあ、私の人生何だったんだろうと、そういう退屈さですね。

そして最後、第三は、街の中をたくさんの人と一緒に押し合いへし合い歩いている。街はにぎやかだし、人はみな活発に笑ったりしゃべったりしながら歩いている。そういう中で、ふと自分は何でここにいるのだろう。そういう思いをもった時の退屈さです。自分って何だろう。自分がこうして生きていることに、何も意味が見えてこないし、生き生きしてこない。何かそういう退屈さもございます。そういう退屈さ、それは結局、生きていることの意味を探しているということですね。

人間、退屈を感ずる。まあ猫や犬は退屈を感じないといったら猫や犬が怒るかもしれませんが、横から見ている限りでは、退屈しているようには見えないですね。何時間でも同じ格好をして、じっとしています。人間は、とてもあんなことはできませんね。人間というのは退屈を感ずる存在だと。退屈を感ずるということは、何かああ自分は生きているんだという感動を求めている。本当に自分は今日一日生きている、その生きているという感動を求める存在だということの裏に、じつは退屈を感ずるということがあるのでしょうね。

生きてゐることに　合掌　柏餅

これは、村越化石という方の俳句だそうです。私は孫引きで、ある方の書物を読んでいまして教えてもらいました。ちょっとおもしろい俳句ですね。だけど、じつはこの村越さんという方は、ハンセン病にかかり、長い間隔離生活を強いられてこられた方でございます。そのことを俳句の上に重ねて読ませてもらいますと、勝手な想像ですけれども、何かたまたま手にされた柏餅は、隔離される前の思い出、まだ病気が出てくる前の小さな時、家族とみんな一緒に楽しくすごした時、そういうものを思い出させるようなものだったのかもしれませんね。ですから、久しぶりに柏餅を手にして、ある意味でようここまで生きてきたことかと、つらい思い、悲しい思いを抱えながらこうして生きてきたと。そしてハンセン病に対する誤解が明らかになって家族と出会われたのかどうか知りませんけれども、何かそこに深い、「生きてゐることに　合掌」という端的な表現ですね。

私たちはある意味で、「生きてゐることに　合掌」という、そういうものを求めているのでしょう。よくぞ人間として生きてきたと、自分で感動できるような時を求めていて、そういう出会いを願っている。その時その時は、面白くて楽しいことはいろいろあるけれども、過ぎてしまえば空しいことばかり。しかし、そういう中でよくぞ生きてきたと、そういうことですね。

求めていればこそ、空しい

こういう集いで、私たちが共に唱えます三帰依の文は「人身受け難し、いますでに受く」という言葉で始まりますが、あの文章はいったいどこに依り処があるのか、だれが作ったのかということはわからないのですね。いわゆる仏に帰依し、法に帰依し、僧に帰依するというその部分は依り処がはっきりしていますけれども、前半の言葉ははっきりしておりません。あえて言いますならば、その三宝に帰依して生きていった人々の歴史の中から生まれてきた言葉と言ったほうがいいかもしれません。だれが作ったかということよりも、三宝に帰依することを通して、確かな人生を生きることができたという喜びをもたれた人々の歴史の中から語り継がれてきたものが、あの言葉だろうと思うのです。

そこには、まず「人身受け難し、いますでに受く」とあります。ところが今日、私たちはそんな感じをもったことがございませんね。今生きていることを、決して「受け難いいのちを今生きている」と、そんな感動を憶《おぼ》えたことがない。生きているのは当たり前、生きているのは権利だということですね。「仏法聞き難し、いますでに聞く」と、何か確かな人生、確かな自分自身に今こうして会えたという感動が、あの言葉には刻まれていると思うのです。そしてそこから「この身今生において度せずんば」と、この時を空しく過ごすならばと、どうか空しく過ごさないでほしいというながしでございますね、そういう深い願いが語り継がれてきているということがあるわけです。

何かそういう、生きてあることにまさに合掌と、そう言える人生を私たちのいのちが求めていて願っている。私たちは、意識してそんなものを求めていこうなんて思ったこともないし、思ってできるものでもないのでしょう。けれども、そういう心がはたらいていればこそ、空しさを感じたり、退屈を感じたり、不安を感じたりするんですね。何か確かなものを求めるという心が、私たちのいのちにないならば、空しさを感じるということはなく、退屈を感じるということもないのでしょう。求めていればこそ、求めるいのちを身に受けていればこそ、いまだ確かなものに出会うことができずにいる今の自分の在り方が空しいのでありますし、退屈なのでしょう。

ですから人間は生き方に迷う。その迷う心が、じつはうながされている心なんです。そしてその迷うということの他に、何か求める心があるわけではないんですね。その迷う心が、じつはうながされている心なんです。そして私たちはみんな、今までずっと生きてきたけれど、迷いとか不安とか退屈を感じたことがないという人は、まずおそらくいらっしゃらないと思うんですね。人間としてこの世を生きていく限り、そういう思いを必ず抱える。必ず抱えるということは、すべての人の中に真のものを求める心がうずいているということを、じつは表している。その全体を「道意」と、こういう言葉で表されるわけでございます。

私をうながし続けていたものに出遇う

ですから、教化と申しますが、仏法におきまして教化ということは、新しい信心を外から植えつけるということでは決してないんですね。外から植えつけようというのは外道でございます。そうではなくて、『無量寿経』におきましても、常に「開発《かいほつ》」、簡単に言ってしまいますと「開発道意」です。『無量寿経』で、仏陀が教化をされていかれる、その転法輪《てんぽうりん》の歩みを結ばれるところに、「顕現《けんげん》」という言葉が使われています。

道意無量の功徳を顕現して、（聖典四頁）

と、道意にこそ無量の功徳があることを顕現するといわれます。この顕という字は、埋もれているものを掘り起こすという意味の文字です。露顕という言い方をしますが、露《あらわ》に顕《あらわ》す。一人ひとりの中に、あなた自身をうながしている道意がある。そしてその道意にこそ無量の功徳があるのだということを、露に顕《あきら》かにする。それがじつは転法輪、教化ということなのだと、『無量寿経』では、そういう言葉で押さえられています。

そして、開発《かいほつ》する、この「発」という字ですね。「発起」という言葉がございますが、親鸞聖人は、善導大師の徳をうたわれているご和讃の中で、

釈迦弥陀《しゃかみだ》は慈悲《じひ》の父母《ぶも》　種種に善巧方便《ぜんぎょうほうべん》し
われらが無上《むじょう》の信心を　発起《ほっき》せしめたまいけり
（『高僧和讃』聖典四九六頁）

と、「発起」という言葉をお使いでございます。その発起というところに、「ひらきおこす」「たておこす」と左訓されていまして、発起という言葉の意味を押さえておられます。その上でさらに、

むかしよりありしことをおこすをほち《（発）》といふ　いまはじめておこすをき《（起）》といふ
（定親全二巻、一一四頁）

と、親鸞聖人が自ら発起という言葉の左側に全部カタカナでその意味を明らかにしてくださっています。「万劫《まんごう》の初事」とよく申しますね、今初めて起こる、これが「起」でございますね。今初めて私の上に起こった。しかし起こったものは「むかしよりありしこと」だと。万劫の初事だけれども、まったく今までなかったことがポコンと外から付け加わったのではないのですね。その長い流転の中で今初めて遇い難き教えに遇って、私の上にうなずかれた。しかしうなずいてみれば、それは本来私のいのちに深く根差した願いだった。「むかしよりありしことをおこすを発といふ」、いつごろか

らあるのかといえば、これは、それこそはるかなる私のいのちの源でございましょうね。いつからということではないのです。常に、「むかしよりありしこと」でございます。ですから仏法に遇うということは、何か新しいものが外から付け加わって、私が大きく変えられるということではなくて、今まで空しく気づかずに過ごしてきた、その私自身のいのちの願いに今初めて気づかされた。その私の内に、私をうながし続けていたものに今初めて出遇うことができたということなのでしょう。そして出遇ってみれば、もうそれを離れては生きられないし、出遇ってみればそれは常に私をうながし続けて私を歩ませてくれる。そういうことが、そこには始まってくる。

その全体を「道意」という言葉で『無量寿経』には説かれてございます。そういう道意において、私たちは初めて人間として生まれた意味を尋ね、聞き、そして生かされていくということがあるわけでありまして、その道意によってこそ私が受け難き人身を受けて今生きているその尊さにうなずくことができるし、聞き難き法を今聞いて初めてそのことに気づかされたよろこび、感動に包まれるということが起こってくると、そういうことが押さえられるかと思います。

ですから、非僧非俗という言葉のもつ意味というのは、僧俗のどちらも、外からの型に決められてきた、こういう形を取れば受け入れてやるぞというかたちで、ずっと立てられてきたその僧俗の在り方を突き破って、人間は一人ひとりその内なる道意においてこそ尊いのだと、その道意にこそ人間としてのいのちの尊さがあるのだということになります。その道意に共に生きる世界を開いていこうということが、仏法の歩みとして押さえられてくるかと思います。

その道意というものがなかったら、私たちがここにこうして集まるなんてことはなかったのでしょう。一人ひとり考えも違えば仕事も違う。好みも違うでしょうし、いろいろなことが全部違うのだけれど、その底にある共なる道意が私たちをうながしている。その道意があればこそ、ここに共に座り、共に聞くというようなことが、私の上に起こってくる。そういう意味が押さえられるかと思います。

親鸞聖人が、人がどうして鬼神になんかにつかえられるかと、こう言い切られた意味も、まさにそういう道意あるものとして自らを深く受け止めていかれた、その心を表しているように思います。

本当にいのちの事実を生きたことがあるか

今回「非僧非俗」というテーマをいただきまして、あらためて私は「人間って何だ」という問いが、そこに尋ねられていると思いました。

その「人間」というもの、それが今日では、ほとんど頭で生きられているということがあるわけです。よく考えてみますと、私たちはいったい本当にいのちを生きたことがあるのだろうかという思いを、特に強くします。いのちの他に生きるものがあるのかと、こう叱られるかもしれません。しかし、どうもいのちの事実を生きた覚えがない。生きているのは、いつも思いを生きているということがあるわけでございます。書物を読むにも、自分のいのちのところで読み取るのではなくて、頭で読み分ける。そして生きるということにおいても、私たちはいのちの事実を生きるということよりも、自分の思いを一生懸命生きてきたのではないか。今日までみんな、いい加減に生きてきたのではありませんね。それぞれに一生懸命幸せを求めて生きてきたはずでございます。けれども振り返ってみますと、ある新聞では「溶ける」という表現を使っておりましたが、人間という存在、あるいは人間という在り方が溶け去っていく。もう消えるとか無くなるとか、そんなきれいなことではなくて、人間という在り方、人間という存在が溶けていく。溶けるという言葉で人間のいろいろな問題を新聞が取り上げていたことがあります。本当に何か、そういう言葉が胸にくるような現実が、今日どんどん起こっている。

なぜ、一生懸命みんなが人間として幸せになろうと思いながら生きてきたのに、逆に人間というものが崩れ去っていくような問題が起こってくるのか。今までから申しますと、本当に考えられないような問題が現実に次から次へと起こってくる。なぜそうなるのだろうか。そこにやはりひとつ思われますことは、結局私たちがいのちから離れて頭で生きはじめたということが根っこにあるのではないか。だいたい自分ということをどこでとらえるかというと、自分の思いのところでとらえるわけでございますね。

大学におりまして、今の若い人たちと接しておりますと、今の若い人たちははっきりしていますから、学校が何か全員でこういう行事をいっしょにやろうと決めましても、納得がいかないときには、私はそんなことはしない、参加しないということを言ってくる学生が多うございます。ある時も、学校が決めたことに対して、自分はどうしても納得がいかないから参加しないと、わざわざ職員室まで言いにきた学生がいました。そのとき、大変意地の悪い言い方をしたのですけれども、「君、本当に納得できないことはしないか」と、あらためて念を押しましたら、「絶対しません」と。自分が納得もできんのにするというのは、自分を失うことになる、自分を粗末にしてしまうことになる、自分は自分をもっと大事に生きたい。だから、納得できないことはしないと。まあその気持ちは非常にいいんですね。ですけども、ちょっと困る面がございます。それでまあちょっと意地の悪い言い方をしました。本当にしないか、と念を押して、しないと断言しましたので、「それじゃ君、死ななきゃならんな」と言いました。そうしたらキョトンとしていまして、何で死なきゃならんのかと。「考えてごらん、あんたは納得して生まれてきたか」と言いましたら、ちょっとギョッとしておりましたね。

そもそも、生老病死の四つはどんな人もこの世を生きていくく限り体験していくわけですが、この生老病死に納得した覚えはまったくございませんね。老いていくのも納得した覚えはないんですね。気がついたら老人手帳を送ってきましてね、ああ歳なんだなと、無理やり納得させられました。年を取っていくということも、決して納得して年を取っていくわけじゃないし、病気などになれば、なおさらであります。

いつもこの歌を持ち出すのですが、

病むことを　拒む愚かの　春を病む

これは、大谷派の宗務総長をなさっておられました蓑輪英彰《みのわえいしょう》という方が、心臓が悪くて京大病院に入院しておられました。その病院からいただいた最後の年賀状に、この句が書かれてありました。自分がこの病気で闘病生活をしなくてはならないということがどうしても納得できない。「病むことを　拒む愚かの」、どこまで行っても病む事実を引き受けられずに、しかし我が身の事実はこの病床から一歩も離れられない。春というのは、文字通り正月ですね。どこの家でも家族がそろってお祝いをしているその時に、自分は一人病床で新年を迎えている。その悲しさ、寂しさというものが、そこには感じられるわけです。まさに病むことを納得して病むわけではない。否応無しに病気の事実を突きつけられてしまうということでございます。

そして死ぬということ、これまた納得して死ぬとは、なかなかいかないわけでございます。今はまだ死ねない。今死ぬわけにはいかんと思っていても、死なななきゃならん時には死ななきゃならん。私が納得するかしないかなんてことは、まったく無視されるといいますか、そんなことに関わりなく、死は私の事実になってくる。

そしてそのいちばん元の生というもの、生まれてくること、これも全然納得していない。生まれるということは、いろいろな事実を引き受けるということなんですね。私は生まれてみたら日本人でしたし、男性でございましたし、寺の子でございました。次男坊でございました。このように、私が生きていく上でのいちばん基本的な問題は全部、納得してなったことではないのですね。世界中の地図を全部調べて、その上でまあ日本ならよかろうといって生まれたわけではないんですね。気がついたら日本人であった。それで、日本人として生まれたとたんに、世界中から日本人としての自覚をもてと、いろいろな責任が追求される。俺の知ったことかと、いくら言いましても通らないんですね。すると、生きていく上で、それが一生ずっと私を決めていくような根っこの問題ほど、全部納得しないままに押しつけられていたということでございますね。納得してなったことはひとつもない。

ですから私たちは、主体的に生きるとか自分を大事に生きると、いろいろ主張もし、考えもしているわけですけれども、しかしいちばん根っこのところは与えられている事実なんですね。私が選んで、これならばと思って納得してなったことではなくて、根っこの現実は全部、私が納得するしないを超えて与えられていた事実でございます。しかもその事実の他に、私のいのちの事実はない。そういう深いうなずきを仏教では「宿業《しゅくごう》」という言葉で教えられているわけでございますね。私たちは「宿業存在」だと。つまり、私の選んだ覚えのない事実をまさに私のいのちの事実として受け止めて、その事実を担って生きていく。それが、私が生きるということなんだと。ですから宿業ということは、私のいのちの事実に対する責任感でございます。私は私のいのちの事実に責任をもっていかなくてはならない。責任を拒否するなら、私は何者でもなく生きていかなくてはならない。何者でもなく生きるということは、生きても生きなかったのと同じことですね。

事実を受け止める勇気

私たちが、本当に自分を大事に、主体的に生きるということは、じつはその事実を受け止めたところから出発するのだと。ご承知のように、清沢満之《まんし》先生はこれを「落在」という言葉で教えてくださっています。選んでこの場所に降り立ったのではない。気がついたらその場に落っこちていたと。落在ですね。

自己とは他なし。絶対無限の妙用《みょうゆう》に乗託して任運《にんうん》に法爾《ほうに》に、この現前の境遇に落在せるもの、即ち是なり。

（『清澤満之全集』（法藏館）第六巻、四九頁）

と、言われています。

「自己とは他なし。絶対無限の妙用に乗託して」、まあ難しい言葉ですけれど、要するに訳のわからん力によって、ということですね。納得できないことなんですね。自己とは、私の思いから考えたらいくら考えてもわからない力によって、この現前の境遇に落在させられていた。それなら主体性も何もないのかというと、そうじゃない、その主体性はじつはここにあるのだ。その事実を「即ち是なり」と受けて立ち上がる。その事実を私のいのちの事実として、全身で受け止めて、この他に自分はないと、思いはいろいろ揺れ動くわけですけれど、現実にはこの事実の他に私という存在はない。その事実に責任をもち、受け止め立ち上がる。そこに初めて、じつは主体性ということがある。主体性というのは、決して自分の思いを貫いていくということではないんです。主体的に生きるとは、どこまでも事実を受け止めて、その事実を担って生きることなんだということですね。

ですから、何か物をつくり出すということも、本当に創造的な仕事、新しいものをつくり出す仕事をなさる人は、みんないちばん根っこのところは受け身なんですね。自分を主張するというところからは出発しておられない。まず事実を受け止める。一つの作品を作ろうとする時、与えられた石なら石をじっと見つめる。その石を受け止めるというところから始まっている。自分の描いた夢を石に押しつけていくのではなくて、石を受け止める中で、彫り出さずにおれないものがはっきりしてくる。何かそういうことがございまして、じつは、私たちが本当に自分を大事に生きるということは、そういう受け止めていく力にあるんだということです。

だからこそ、仏教におきましては、智慧というものを「忍」という言葉で説かれているのです。韋提希夫人は、説法によって「無生法忍」を得られた。悟りを開かれたということを、無生法忍を得られたと、こう表現されています。忍ぶという字で智慧を表します。智慧ということを、わざわざ忍ぶという字で仏教は説いているのですね。この忍ぶという字について辞書を引きますと、よくものごとがわかる、勝解の義と、勝解というはたらきを表すのだと。あるいはものごとの事実をはっきりと認めると。認可決定と、あらゆる事柄をはっきりと知り分け認めていく。だから「忍」と、忍ぶという字を書いているけれど、意味は「認」の意味なのだと、こう説明があります。認めるという意味なのだと。しかし、これはそれこそ納得がいかないのですね。それならはじめから「無生法認」と書けばいいんですね。忍ぶという字を書いておいて、意味はこっちですよというのは、人を迷わせることになる。認めるというのが意味ならば、はじめから認めるという字で表せばいい。それをわざわざ忍ぶという字で表しておいて、意味は認めるという意味なのだと言われると、何でそんなことをするのかという疑問が、どうしても起こってまいります。

じつはそこに、この忍ぶという字で表さなければならない意味がある。ものを本当に知るということは、私の頭で納得して受け入れるということではないんだ。そうではなくて、それがどんなにつらいことであろうと、どんなに悲しいことであろうと、事実であるならばそれを我が身の事実として受け入れていく勇気、そういう勇気を智慧というのだと。忍という字で表しておりますのは、事実を事実として耐え忍んでいく勇気、それが仏教の与えてくださる智慧なんだ。仏教でいわれる智慧は、あれもわかるこれも知っている、何でもわかるようになった、ということではない。どういうつらい現実であろうと、それが私のいのちの事実、人生の現実ならば、それを受け止めていける勇気を賜るということ、その事実を生きていく情熱をいただくということ、それがじつは仏教でいわれる智慧なのだと。決して頭で理解するということが智慧ではない。身で生きていく、本当に生きていけるということですね。

そういうところを振り返りますと、七十年私は生きてきましたけれども、さて何を生きてきたのか。本当に自分のいのちの事実を生きてきたのだろうか。そうではなくて、何か自分の思いを一生懸命振り回しもし、追いかけもしてきただけではないのか。そして大きくいえば、今日の世界のいろいろな問題の根っこに、そのことが現れてきているのではないか。そういう問題を感じもするわけでございます。

わかったという立場が破られる

親鸞聖人が『教行信証』の「後序」にお書きになっている「僧に非ず、俗に非ず」という言葉を、私は、人間としての意味を尋ねる言葉であると読ませていただいているわけです。何か一つの決められた立場を自分の立場として、そこからものごとを見ていくということではなくて、常に「人間とは何か」という問いを追求された。その問いを生きていかれたといいますか、尋ねていかれたのが親鸞聖人だと思います。

いわゆる「無明」という言葉ですね。人間の無明性、さらに広くいえば愚かさということですが、それは何も知らないということではなくて、じつはいつも一つの答えに立ってしまう、そういう在り方を愚かと言われるわけです。愚かだというと、何も知らない在り方のように思うのですけれど、本当に何も知らないというところに立っているならば、聞くという心がそこに開かれていくのですが、私たちはわかったというところに立っている。わかったとしているわけでございまして、そこでものごとを見ている。その時には、尋ねるということよりも、これは上等だとか、これは悪いとか、要するにものを判定することばかりしてしまう。

これは安田理深先生がいつも言われていたことですが、学問とは問いを学ぶことだということです。何が人間にとっていちばん根本の問いなのか、その問いを学ぶことが、本当の学ぶということなのだと。ところが現代の学校教育をはじめ、学ぶことが「学答」になってしまっている。答えをいかにたくさん身につけるか。ですから、記憶力と瞬発力です。自分で考えたらだめなんですね。本来学問は、いろいろと、こうでもあろうかああでもあろうかと尋ねていくものですが、今は考えてはいけないのですね。少しでも多くのことを記憶して、そしてパッパパッと短い時間の間にたくさん答えを書き連ねる。そうすると成績がいいのですね。こうも言えるが、しかしこういうことも考えられるのではないかなんて、答案を前にして考えていたらだめなんです。全然点数が取れないということになってしまいます。

この前、たまたまホテルでテレビをつけましたら、司馬遼太郎さんの追悼の番組を放送していました。そこで、司馬さんが取り組まれた問題や、明らかにされたことを、三人の人が出て討議されていました。作家の井上ひさしさんと、脳科学者の養老孟司《ようろうたけし》さん、そして建築家の安藤忠雄さんでした。安藤さんは、工業高校卒業後、独学して建築の分野で非常に大きな仕事をなさって、外国でもいくつも賞を取られ、それが日本での評価にもなって東京大学の教授に迎えられたという異色の方ですね。その三人の方が出演しておられました。司会の方が、現代の若い人に自分にとっていちばん望ましい上司とはどういう人ですかと質問をしたら、「自分にだけこっそりとノウハウを教えてくれる人」と、こういう答えが非常に多いと。いろいろなやり方を教えてくれる人ですね。それもこっそりと教えてくれるんだと。そして、そのことを受けて安藤さんと養老さんがおっしゃっておられたのですが、本来学ぶということは、人間が変えられていくことだ。学ぶことを通して自分が変えられていく、それがものを学ぶということなんだけれど、今の、特に東大に入っているような人たちは、絶対的な自信をもっているわけですね。だから自分を変えようとか、自分が変わらなければならないなんていう考えはさらさらない。だから、学ぶということが、いかに多くのノウハウを身につけるか、それだけになってしまっているということを強く感じると、そういう発言がございました。そういうことになっているのだろうなと思いますね。

昔から、知・情・意と申しました。心のはたらきを三つの分野で表すわけですが、昔はこの全体が一つになって学びを深めていくということになっていた。ところが現在においての学びは、「知」だけの問題になっている。それこそ、いかにたくさんのノウハウを身につけていくかということになってしまっている。ですから、学ぶということが、人間として成長するとか、人間として確かな生き方を開いていくとか、そういうことにはまったく関係してこない。それで、学んで専門的な知識は身につけているわけですが、しかしひとりの人間として生きるということにふと問いをもったとき、まったくその道を知らない。尋ね方もどうすればいいのか、立ちすくむということが起こってくる。その学びというものが「知」だけになっていますから、心の迷い、心の不安、そういうものには少しも届かない。

同時に、逆に情・意のほうは情・意のほうで、知と切り離されますから、その情・意の動きを問い直す眼が失われている。だからもう気分のままに突っ走ってしまうということも、そこには起こってくる。そういう学びということと一つ取りましても、何かバラバラになってきていまして、それぞれが知識をたくさん身につけることで人より上にということを、一生懸命追い求めているということがあるわけでございます。

それに対して、「学答」ではない「学問」だよということを、繰り返して教えてくださった安田理深先生は、また仏教というものは決して向上していく道ではない。逆に向下《こうげ》していく道なんだとも言われました。下へ降りていく、その下というのは何かというと、いのちの事実ですね。そのいのちの事実に限りなく帰っていく。「回光返《えこうへん》照《しょう》の退歩」、これは道元禅師の言葉で、その言葉をよくお引きでしたが、進歩でなくて退歩。仏道を学ぶということは、回光返照の退歩を学ぶ。自分を向こうへ向こうへと追求していくのでなくて、それこそ向こうから自分が照らし返される。そして進歩していくのではなく退歩していく。夢を追いかけていくのではなくて、夢が破られる。

常に事実に引き戻されるということがあるのだと。回光返照の退歩ということを道元禅師が言っている、そのことも安田理深先生がよくおっしゃっておられました。

どうかその道意に目覚めてほしい

向上ではなく向下、向上の道は競争の道でありますし、競争の道は結局人間関係がバラバラになっていく道でありますね。たがいに優劣を争い、そしてそこには優越感と劣等感に引きずり回されるということが起こるわけです。それこそ、友だちはみんな競争相手だという感覚が染み渡ってくる。それに対して退歩あるいは向下というのは、競争して人より一歩でも前へ、一歩でも上へ、そういうことではなくて、逆に、本当にみんながその一点においてはそうだとうなずき合える、そういう大地というものを尋ねていく。夢を追っていくのでなくて、そこにおいて初めて立つことができる、大地を明らかにしていく道、そういうことがそこには押さえられてくるかと思います。

その大地というのはどこにあるのかというと、最初申しました「道意」という言葉ですね。『無量寿経』が繰り返し「道意」という言葉で教えている、私たちの内に等しく埋もれているその道意に目覚め、道意に生きる者として歩みを始める。その道意というところにおいては、親鸞聖人は自分自身が道意を求めて歩むその歩みを「利他通入」という言葉を使っておられますが、そのまま他の人々に自ずと通じていく、入っていく。競争の歩みは、どこまでも俺の力だと、自分の力を誇るほうにいくわけです。向下の歩みは、自分が自分のいのちの事実を深く受け止めて、その事実を身に受けて生きていく。その歩みは自ずと、それぞれの問題をかかえながら人間として生きようとしている人々の心に通じている。そういう「通入」という言葉を、親鸞聖人は使われています。周りの人びとと通入する心、それを道意と表されるわけでありまして、もし人間が道意をもっていなかったら、結局人間はそれぞれの思いのところでバラバラになる。まあバラバラにだけではございませんね。おたがいが他を傷つけ、他を押しのけて生きていくということしか開かれてこない、ということになるだろうと思います。

あなたの中には道意がある、埋もれているのだと。法蔵菩薩の蔵というのは、じつはそういう蔵でございます。埋蔵している。あなたの中には道意が埋もれている。どうかその道意に目覚めてほしいという、その呼びかけが、じつは念仏の教えでございます。

本堂には、ご本尊が荘厳されてございます。私たちは子どもの時分からこういうご本尊をいただいておりますから、これが当たり前と思っておりますが、これは、仏としてはとんでもない、あるまじき姿なのですね。善導大師は「軽挙」という言葉を使っておられます。軽挙妄動の軽挙ですね。仏が立ち上がっておられるというのは、仏としてはまことに軽挙だと。こういって立ち上がっておられる姿を押さえられています。そうですね、だいたい仏というのは、悟りの境涯に身をじっと据えておられるのが本来の姿なのです。安座しておられるのが仏の姿です。ですから宇治の平等院のご本尊は阿弥陀如来ですが、ちゃんと座っておられますね。まあ他の大仏さんにしましても、みんな仏さまは座っておられます。立ち上がっておられるのは菩薩です。菩薩は、その仏の心を受けて実践していくのが菩薩ですから、菩薩が座っていたら怠け者です。菩薩はみんな立っておられるのですが、仏はちんと座っていてもらわないと、どこが本来の場所かわからないということになる。ですから仏が立ち上がっておられるというのは、まことに軽挙だと。

それならば、なぜそんな軽挙をあえてされているのか。真宗のご本尊は、『観無量寿経』の韋提希《いだいけ》夫人が見た「住立空中尊《じゅうりゅうくうちゅうそん》」の姿を象《かたど》ったものだという説と、『無量寿経』に説かれています、華の光の中から仏が現れたもう「華光出仏《けこうしゅつぶつ》」の姿だという説とに分かれているのですけれども、私はやはり住立空中尊だと思うのでございますね。仏が空中に立ち上がって現れたもうたのはなぜか。それを善導大師は、

三悪の火阬臨臨《かこうりんりん》として入りなんとす。もし足を挙《あ》げてもって迷を救わずば、業繋《ごうけ》の牢、何に由《よ》ってか勉《まぬか》るることを得ん。斯《こ》の義のための故に、立ちながら撮《と》りて即ち行き、端坐《たんざ》してもって機《き》に赴《おもむ》くに及ばざるなり。

（「定善義」真聖全一、五一四頁）

と解説されています。

今、韋提希夫人は、まさに「三悪の火阬臨臨として入りなんとす」と。地獄・餓鬼・畜生の三悪ですね。その三悪の火の坑《あな》の中に韋提希は今まさに落ちようとしてい

る。だから韋提希が目覚めるのを待っていたら、もう救う時がない。そこで仏のほうから立ち上がってその韋提希に向かって歩き、韋提希を受け止める。その大悲方便の願心を行じられた姿なんだと、善導大師が明らかにされています。決してこれは、仏としての本来の姿ではない。ある意味では、仏として軽挙な姿である。けれども、あえてその姿をとらずにおれないその心というところに、善導大師は仏の大悲心を見て、受け止めておられるわけでございます。

ですからご本尊は、礼拝の対象としてむこうに納まっておられるのではないんですね。私たちが礼拝するのに先立って、私たちに向かってはたらきかけておられる姿なんです。仏のほうから、私たちに呼びかけ私たちを念じたもう。それを私の勝手な言い方をいたしますと、お念仏申すということは「念念仏《ねんねんぶつ》」だと、いつもそういう言い方をさせてもらっています。つまり、むこうに納まっておられる仏さまに、頼みますよと声をかけるのが念仏じゃない。私が念ずるのに先立って、私を念じたもう仏、その仏の心を念ずるのであります。だから、念仏するということは、仏の心をいただくことだということでございますね。念仏は念じたまう仏を念ずる、念念仏だというように、私は受け止めているわけでございます。その姿が、このご本尊の姿でございます。それはどこまでも私たちの道意に向かって、その道意にどうか目覚めてほしいと呼びかけられる。道意に目覚め、道意に生かされていく身になってほしいというその願いが、私に向けてすでにかけられている。そのことに初めて気づかされる。そこに念仏ということがあるのでございますね。

ですから、善導大師に「如意《にょい》」という言葉があるのですが、その如意という言葉を「弥陀の意《おんこころ》の如し」、それから「衆生の意《こころ》の如し」と、二つの意味で明らかにしてくださっています（「定善義」聖典二一四頁）。決して仏が自分の思いだけで、一方的に衆生にはたらきかけられるのではない。仏はどこまでも、衆生の意に応じていかれる。同時に、衆生のほうは、仏の意を通して初めて自分の意に気づかされる。私たちは、仏法によって初めて自分に帰らされるということが、私の上に開かれてくる。何よりも大事なことは、私は私の身の事実に本当に立てる。そしてその事実を自らのいのちの事実として、深く受け止めていくというところに、初めて道ということ、仏道ということが語られてくるんだと。

親鸞聖人は、非僧非俗の自覚を通して、その道意において人々と出会い、人々と共に歩むということを果たしていかれた。その道意ということが、すべての人々のいのちに根差した願いとして、人々をうながし続けているのだという確信によって、人々を本当に大事に受け止めて生きられたのだと思います。

人間というものを、今日、私たちは何か思いのところで受け止め、思いのところで評価し、いろいろなランクづけの中であえいでいるということがあります。しかしその道は、結局はバラバラになっていく道でしかない。そうではなくて、私たちが本当に周りの人々と平等に出会っていけるそういう世界を、私とすべての人々の上に開いていく、そういう歩みでございますね。そういう歩みを生かされていくところに、人間としての目覚めがあるんだと。こういうことを私は学ばせていただいているわけでございます。

ねんごろの心――『御消息』に学ぶ――

言葉の響きを聞く

今回は、親鸞聖人のお手紙であります「御消息」を通して教えを学ぶということが、願いとしてあげられているわけであります。現代におきましては、この手紙というものがとても少なくなりました。しかも、肉筆の手紙はもっと少なくなりましたね。このごろは、ワープロで打った手紙が来るようになりまして、まあ読みやすいといったことでは確かにいいわけですね。私の友だちに非常な達筆家がいまして、その手紙を読み切るのに四苦八苦するんですね。私は崩し字というものをあまり知りませんので、書読むのに大変苦労したことがございます。それでも、肉筆の手紙をもらいますと、書いているときの友だちの姿や息遣いを肌に感じることがございます。その点、ワープ口で打った手紙というのは、まことに味気ないものでございます。

　手紙ということで、いつも思い出して紹介するのですが、勝鬘夫人という方を主人公に説かれている『勝鬘経《しょうまんぎょう》』という経典があります。勝鬘夫人は国のお后《きさき》であったのですけれど、その方の両親も深く仏陀釈尊に帰依しておられまして、よく説法を聞きに行かれた。そしてある時、今日お聞きした釈尊の教えが大変有り難かったということで、娘さんである勝鬘夫人に、手紙でその喜びの気持ちを書いて送られるのですね。その両親からの手紙を読んだ勝鬘夫人が、

「われ、仏の御声《みこえ》を聞き奉《たてまつ》ること、世にいまだかってあらざるところなり」

と言われる。つまり、このような尊いお言葉を、今まで聞いたことがない。身にしみる尊い言葉であったと、勝鬘夫人がおっしゃるのです。これは『勝鬘経』のいちばん最初に書かれてあるのですが、それに対して、聖徳太子が『勝鬘経』を注釈された『勝鬘経義疏《ぎしょ》』の中で、勝鬘夫人の言葉を押さえて、手紙を読まれただけの勝鬘夫人が「仏の御声を聞き奉ること」とおっしゃっているのはおかしいのではないか、直接仏の声を聞いたのではなく、ご両親が聞かれた言葉を手紙で知らされただけなのに、

「仏の御声を聞き奉ること」というのは理屈に合わない、という問いを出されるわけですね。そして、その意味を深く探っていかれるのです。そこでいわれているのが、「声は以って心を伝え、書は以って声を伝う」ということなのです。声というものは、語るその人の心を伝え、そして書というものは、手紙を書いていてくださる人の生の声を伝えてくださる。手紙をもらって文字しか読まないというのは、心が遠く離れているからでしょうね。自分にとって大事な人からきた、それも心を込めて書き綴ってくださった手紙をいただくと、その人の声の響きが感じ取られる。書いていてくださるそういう姿も、書いていてくださる顔の表情も、その文字を読んで、その文字を通して感じられてくるものなのでしょう。書というものを本当に読むということは、そこに書いていてくださる人の声が聞こえるということでしょう。

一人の人が私のいのちの中に生きておられるということは、常にその人の声が聞こえるということがあるんでしょう。親しい人が亡くなった時にいちばん身にこたえますのは、もうその人の声が聞こえないということですね。思い出はいろいろ残っているけれども、その人の声をもう聞くことができないと思うとき、その人を失った悲しみに胸が詰まります。

声というものは、非常に大事なものでございまして、このごろ大きな問題として強く思っているんですが、現代人の生活の中で言葉というものが文字としてしか使われない、そういうことになってきている。佐世保の小学生が、友だちを刺し殺したあの事件におきましても、二人のつながりの中にあったものはインターネットでございますね。インターネットのメールのやり取りですね。今の子どもたちは手紙を書くということはありませんし、友だちならどうして顔を見て声を聞いて話をしないのだろう、そのほうが楽しいだろうと思うのですが、若い人に聞きましたら、顔を見て話をするのはしんどいというのです。メールですと、嫌なら見なければいいのですし、スイッチを切ればいいわけですね。顔を合わせて話をしたら、いくらなんでもそうはいきませんね。しんどいと言って横を向くわけにはいきません。そういうことがたまらんから、メールをするんだと言っていました。

文字というのは、文字のもっている意味しか伝えないのです。たとえば、馬鹿という言葉は、文字通り、馬と鹿を見まちがえるような愚か者という軽蔑の言葉ですね。

文字で読みます馬鹿は馬鹿ですね。それしか伝えない。軽蔑の意味しか伝えない。けれども、声で聞くときには、馬鹿という言葉で愛情が伝えられるのです。馬鹿という言葉で、いつも軽蔑の心しか感じないかというと、そうではありません。語る人の雰囲気、語る人の言葉の響きで、そういうものの中に温かいものを感じる。そうすると、馬鹿と言われながらも、そこに深い愛情を感じるということがいくらでもあると思うんですね。ところが、文字だけになってしまいますと、文字のもっている意味だけが飛び交うわけです。その文字を通して語る人の心とか、その雰囲気などというようなものは伝わりにくい。

これはお聞きになった方もおられるかもしれませんが、今年の正月の元日の朝、NHKのテレビで、今大変な人気の養老孟司《ようろうたけし》さんと、生涯を難民の救済に尽くしておられる犬養《いぬかい》道子さんとの対談がございました。その時に犬養さんが非常に印象深いことをお話しなさいました。目の前で両親を殺されて独りぼっちになった難民の子どもが、何十キロメートル、それよりももっと遠い道のりをとぼとぼ歩いてキャンプにたどり着く。その時には倒れてしまいそうになるほど衰弱しているのですが、キャンプで収容されて、いろいろ手当てを受け、食事を与えられるなどして、少しずつ元気を取り戻す。そして日常生活も取り戻してくるのですけれど、難民の子どもたちは、人に口からファーザー、マザーという言葉を聞くと、必ずポロポロと涙を流すそうですね。まったくそれまでのことを忘れて生活しているようなときでも、ファーザー、マザーという言葉を聞いたら、難民の子は例外なしに涙をポロポロとこぼす。そのことを話された犬養さんは、そういう境遇を超えてゆくには、やはり教育であると。そのためにはインターネットですね。教室がなくても、離れた土地であっても、いろいろな知識を身につけることができる。そこで、犬養さんは、インターネットの普及と技術を教えるということを一生懸命にしておられるんですけども、インターネットの画面で、ファーザー、マザーという言葉を読んでも、決して子どもたちは涙を流さないとおっしゃっておられました。人の口からファーザー、マザーという言葉を聞いた時、思わずポロポロと涙を流す難民の子どもたちが、同じ言葉なんですがファーザー、マザーという言葉をインターネットの画面で文字で読んでいるときには、ちっとも涙を流さないということを、その対談の中でおっしゃっておられまして、非常に印象に残りました。

そういう違いがあるのでしょう。伝えられた言葉は同じなんですけれども、その言葉を通して聞いた人が感じ取るものは、まったく違うんですね。何かそこには、語っている人の顔の表情や言葉の響きを通して直ちに、生きていた時に、両親が自分に声をかけてくれた言葉の響きや表情というものを子どもたちは全身で感じ取り、聞き取っているんでしょう。ところが、文字だけですと、目で読み、頭で理解するだけで、体で感じるということはないんですね。そこでは、心のつながりというものが決して開かれてこない。いうなれば、知識的にいろいろな事は学んでゆくかもしれないのですが、いのちのつながりということは、そこでは決して育てられてこない。

現代におきまして、子どもたちはそういう文字だけで友だちと会話をし、つながっている。そこでは、全身で感じるという、いのち全体での体験というものがなくて、ただ頭だけで体験する。それによって、どんどん思いの中に沈んでいくことになりまして、ひとつの思いだけがどんどん強くなっていくだけで、メールの中で「ダサい！」とか何とか言われたら、そのことに対する怒りはどんどん膨らんでいく。それこそ、口で面と向かって「ダサい」と言われた時には、「何を！」と言って叱ることも、怒ることもできるでしょう。そして、言い返すこともあるでしょう。そんなふうに言い返している中で、お互いの気持ちが触れ合うということがある。ところが、文字ですと一方的ですから、軽蔑の心を感じるだけで、その思いだけがどんどん時と共に膨らんでいく。そうすると、そこで行動が極端な形をとってくることにもなるのでしょう。

言葉の響きを失った人間の生活というのは、いかにも人間の心のつながりを断ち切ったものになっていくのでしょう。そのことが大きな問題であると、私には思われるのです。先ほどもここで、皆さんが声をそろえて『正信偈』のお勤めをされました。共に声を出して『正信偈』をお勤めする、そこに感じる言葉の響きということがあるのでしょうね。そういうものが、大きなはたらきをもっています。ご承知のように、昔の教育は「文章の意味がわからなくても、まず文章の響きを聞け」ということで、素読百返と、繰り返し繰り返しその文章を声に出して読ませる、そこから教育が始まる。今ははじめから文章をバラバラにして、これの主語は何ですかとか、ここはどんな気持ちで言っているんでしょうというように、いわゆる解説が入るんですけれども、文章自身の言葉の響きはちっとも聞かれないままに、何かわかったことにしてしまう。言葉の響きを生活の中に取り戻すということを、私たちが若い者に伝えなければ、子どもたちの将来はどういうことになっていくのか、恐ろしい問題をはらんでいるように思います。

言葉は声である

「御消息」は、もちろん親鸞聖人が筆を取ってお書きになったわけですが、それは決して、個人に宛てて出されたものではありませんでした。『御消息集（広本）』第二通を見てみますと、

この文《ふみ》を、たれたれにも、おなじ御《おん》こころによみきかせたまうべくそうろう。この文《ふみ》は奥郡《おうぐん》におわします同朋《どうぼう》の御《おん》なかに、おなじくみな御覧《ごらん》そうろうべし。あなかしこ、あなかしこ。（聖典五六三頁）

とございます。

「御消息」は、一つの地域のおもだった人に宛てて親鸞聖人がお書きになられたものですが、その手紙はその人個人に宛てられたものではなく、当時の田舎の人々は文字の読めない人が多いわけですから、文字の読める人に宛てて送られる。その手紙が、どうかこの人にもあの人にも「おなじ御こころによみきかせたまうべくそうろう」とあるように、読んで聞かされたのです。どのくらいの人が集まっているのかわかりませんが、たとえば囲炉裏端で料理を囲みながら御同朋たちが集まって、京都から送られてきた親鸞聖人のお手紙を誰かが読み聞かせる。その言葉を、ここに親鸞聖人がいらっしゃって、親鸞聖人が直接聞かせてくださっている言葉のようにして、ご門弟方が耳を傾け、聞き取っておられたのではないのかと思います。そういう雰囲気が、ここに感じ取れます。

そういうように読み聞かせるというところには、言葉の響きが感じられますね。ともかく、言葉の響きを伝えるということを今やっていかないと、いよいよ人間というものが、お互いにただ自分の思いのみで感じ取り、そして自分の感じた気分の中に一人閉じこもるという、そういうことがどんどん深まっていくのではないかと思います。いろいろな事件が起こります。その事件に対して、いろいろな善後策が講じられます。もちろん善後策は講じられなければならないのですけれども、しかし何か、ひとつの根本の問題として、人が「言葉」を文字としてしか受け取らなくなっている。そういうことが非常に大きいと思います。

私たち大谷派の学校であります九州大谷短期大学では、毎月ご命日勤行を勤めているわけでございます。その時には、全校生が参加します。もちろん寺の子弟たちばかりではありませんし、むしろ一般の学生のほうが多いわけでございます。今まで『正信偈』など読んだことも聞いたこともない学生が大半です。その学生たちも、何か月か経ちますと、だんだん声が出てくるんですね。そして一緒に、そうやって声に出して読むと周りの人の声が響いてくる。こういう体験は初めてだという。そのことを非常に喜ぶといいますか、感じるということを感想に書いている学生がいます。何か本当に、言葉の響きを失ってしまったということを思います。

先の「御消息」というのは、親鸞聖人が六十歳すぎのころに書かれたものだと推測されていますが、関東のご門弟方と別れて一人京都に上られる。そして、京都に住まわれるわけです。その京都におられる親鸞聖人の元に、関東のご門弟方が何かわからないこと、行き当たって解けないことを手紙で書き送って尋ねる。それに対して親鸞聖人は、常にご返事をお書きになって、答えていかれた。こういう手紙が今日まで伝えられているわけでございます。

親鸞聖人が、京都になぜ一人で帰られたのか、それにつきましても、いろいろなことが挙げられています。中には、関東でも幕府によって念仏弾圧ということが起こってきた。親鸞聖人はそれを避けて、京都に帰られたのだということをおっしゃる先生もおられます。けれども、そうだとしたら、とんでもない親鸞さんですね。自分がその教えを伝えて、念仏とともに生きてきた。そして、念仏の教えが弾圧されると、親鸞聖人はそこを離れて、さっさと京都に行かれた。しかし、教えを受けて念仏者となったご門弟方は、そんなに簡単に土地を離れるわけにはいきませんね。生活の場でございますから、そこを離れて生活の目途はないのですから、弾圧されようと、そこに生きていく他はない。そういう人たちだけを残して、自分だけ難を避けられた。親鸞聖人はそんな人なのか、ということがございますね。

また、関東のご門弟方の信心が確かな信心であれば、親鸞聖人はそのご門弟方への信頼によって関東に残られただろう。ところが、肝心のご門弟方の信心が誠に曖昧なもの、信用のできないものでしかなかった。そのために、その地に留まることはできないということで、関東を出て京都に行かれたと、こういうことをおっしゃる先生もおられました。そうしますと、親鸞聖人は関東のご門弟方を見限られたということになりますね。もうここの人たちはダメだ。こんなに一生懸命に念仏の教えを説いても、こういう受け止めしかできないのか。こんな人々は駄目だといって見限って、京都に行かれたことになるんですね。

ところが、お手紙（『御消息集（広本）』第二通）を見てみますと、

この明教坊《みょうきょうぼう》のぼられてそうろうこと、まことにありがたきこととおぼえそうろう。（中略）また、ひとびとの御こころざしも、ありがたくおぼえそうろう。

（聖典五六三頁）

とあります。京都に戻られた親鸞聖人の生活を支えたのは、関東のご門弟方がそれぞ

れに少しずつ持ち寄った食べ物やお金だったのです。はじめに、「この明教坊のぼられてそうろうこと、まことにありがたきこととおぼえそうろう」とございます。この明教坊という方が代表になって皆の志をまとめて、それを親鸞聖人に手渡していかれた。それに対してのお礼の言葉が、「御消息」に書かれているのです。

もし、親鸞聖人が関東を離れて京都に移られた理由が、先の先生が言われたような、関東のご門弟を見限られたということだとしたら、親鸞聖人は、見限った関東のご門弟方の志を受け取って京都で生活しておられたことになってしまいます。これが本当のことであるならば、これは何ともいいようのない人間像になってしまうのではないでしょうか。

しかしやはり、そのような理由で京都に移られたのではないと思われます。ではなぜ、親鸞聖人は関東を離れて京都に移られたのか。

このことについて和田稠《しげし》先生は、こういうことをおっしゃっておられます。人間にとって何より大事なものは、温かな家庭と、経済的な安定と、共に語り合える友という三つのことで、しかもそれは年を重ねるとともに、いよいよ大事になってくる。

それらがいちばん整っていたのが、関東の時代の親鸞聖人でございますね。関東の地においては、多くのご門弟方が親鸞聖人の教えを喜び、共に歩まれた。そういう人々に支えられて、温かな家庭と、経済的な安定と、そして何より共に語り合える友に恵まれていた。そのすべてを捨てて、京都に向かわれたということですね。どういう理由か、いろいろな説がありますが、どれも自分自身の身を守るために動かれたということしか言われていません。関東での幕府による弾圧を避けて身を守るという理由でしかない。そんなことで、人間はそういう大事なものを捨てられるか。もし身を守るためなら、しこたま金を持って、家族だけを連れて、そっと京都に移ることでしょう。そういうものすべてを捨てて、親鸞聖人は一人京の地におもむかれた。そこには、そういうものすべてを捨てさせる願いがあったのでしょう。親鸞聖人を動かしていたのは、もう、このこと一つを明らかにする。そのことが大きな、自分のいのちの責任でございますね。

「宿命《しゅくみょう》」という言葉について、宗正元《そうしょうげん》という私の友だちは「いのちに宿っている使命の自覚」という言い方をしました。ふつう宿命《しゅくめい》と言った時は、運命という言葉と同じですね。お前はそうなるように決まっていたのだ、それがお前の宿命なのだという言い方をします。仏教では「宿命《しゅくみょう》」という言い方になっています。四十八願の第五願は、「宿命智通《しゅくみょうちつう》の願」です。

たとい我《われ》、仏を得んに、国の中の人天、宿命《しゅくみょう》を識《し》らず、下《しも》、百千億那由他《なゆた》の諸《しょ》劫《こう》の事《じ》を知らざるに至らば、正覚《しょうがく》を取らじ。（『無量寿経』聖典一六頁）

この第五願には、一人ひとりのいのちの重さの自覚、一人ひとりがこの身に受けているいのち、その、いのちの自覚が説かれているのです。自分が何を成すために生まれてきたのか。何をすることにおいて、自分は受けがたい人身、人間としての生涯を賜って、その賜った人間としてのいのちを尽くしていけたと喜べるのか。その宿命の力ということを、誓われているのでございます。まさに親鸞聖人は、そういう人間としていちばん大事に思える、誰もが望む温かな家庭、経済的な安定、共に語らえる友、そういうもの全部を捨てられた。

捨てるということでは、『御伝鈔《ごでんしょう》』に親鸞聖人が亡くなる時のようすが書かれていますが、そこには、

口に世事《せじ》をまじえず、ただ仏恩《ぶっとん》のふかきことをのぶ。声《こえ》に余言《よごん》をあらわさず、もっぱら称名《しょうみょう》たゆることなし。（聖典七三六頁）

とあります。

親鸞聖人は、お亡くなりになる時に、世事の一切を捨てて、ただ念仏だけを称え続けられたのです。ですから、親鸞聖人が捨てられたのは、世事であって、それを捨てて念仏一つを取られたということなのでしょう。

ですから、親鸞聖人は、念仏一つを明らかにするために京都に移られた。だから京都の時代には、その念仏の教えを書き残す、そして広く人々に伝えること一つに、親鸞聖人はいのちを尽くしていかれた。そういう中で、関東の人々のいろいろな質問やいろいろな問いかけに答えて、お手紙を残しておられるのでございます。これは、いわゆる『教行信証』とか他の「お仮名聖教」『御文』などとは違ったものでございます。

「往生」とはただ亡くなったことだけをいうのか

ところで、親鸞聖人はどんなお声だったのでしょうね。このごろ、それがすごく気になるんですね。特にこういうお手紙を繰り返し読んでいますと、そう思います。おそらく関東の方々は、親鸞聖人の声を感じながら、顔を寄せ合って、お手紙を読んでくださる人の声を聞いていたんでしょうね。そういう雰囲気が感じられるわけでございます。

そういうお手紙の中で特に『御消息集（広本）』第二通にある、

としごろ念仏して往生をねがうしるしには、もとあしかりしわがこころをおもいかえして、とも同朋《どうぼう》にもねんごろのこころのおわしましあわばこそ、世《よ》をいとうしるしにてもそうらわめとこそ、おぼえそうらえ。（聖典五六三頁）

という言葉に触れてみたいと思います。

ずっと念仏して往生を願ってこられたその確かな証、「しるし」ですね。確かな証というものが、ここに「ともの同朋にもねんごろのこころのおわしましあわばこそ」と書かれてございます。その「ねんごろのこころ」という言葉を、どういただくのかということです。そのことに特に触れさせていただこうと思っております。

このお手紙には、お出しになった年月日が書かれてございません。ただ、これに先立つ『御消息集（広本）』第一通のお手紙を見ますと、そこには、

建長《けんちょう》四年壬子《みずのえね》八月十九日　親鸞　（聖典五六三頁）

とあります。ですから、「第一通」は、建長四年の八月にお書きになったということでございまして、だいたい後は出された次第のままに収められているようでございますので、この第二通も建長四年に書かれたものではないかと思われます。そうすると、親鸞聖人が八十歳の時のお手紙ということになるわけですね。

そこに、

この明教坊《みょうきょうぼう》のぼられてそうろうこと、まことにありがたきこととおぼえそうろう。明法《みょうほう》の御坊《おんぼう》の御往生《ごおうじょう》のことを、まのあたりにききそうろうもうれしくそうろう。（聖典五六三頁）

とあります。

　まず、この明法坊という方のご往生のことを「まのあたりにききそうろうも」ということですから、ご往生の時の姿を、その場にいた方から細かく聞かせてもらったということでございますね。

　この「明法の御坊」というのは、もともとは山伏弁円でございますね。親鸞聖人を殺そうとして山道で待ち伏せしていた弁円です。どういうわけか、ちっとも出会わないので、しびれをきらして親鸞聖人の庵に出かけていった。そして、声をかけたら、親鸞聖人が何の構えもなく姿を現された。その姿や声を聞いているうちに自分を恥じ入って、そしてその教えに帰依されるようになった。たぶんその時に、明法坊という名を親鸞聖人からいただかれたのでしょう。

「弁円が往生のこと」というものが第一通目にずっと取り上げられているのでございます。

　明法御坊《みょうほうのおんぼう》の往生のこと、おどろきもうすべきにはあらねども、かえすがえすうれしうそうろう。鹿島《かしま》・行方《なめかた》・奥郡《おうぐん》、かようの往生ねがわせたまうひとびとの、

みなの御《おん》よろこびにてそうろう。（聖典五六〇頁）

と、こうあるんですね。この「往生」という言葉が大変な言葉で、いろいろ議論があるわけでございます。

『広辞苑』を見ますと、まず往生という項目で一番目は「死ぬこと」と出ています。二番目は「この世界を離れて、別の世界に行くこと」、三番目には「行き詰まること」と、この三つの意味が往生という言葉の意味として説明されています。世間一般には、結局往生という言葉は三つの意味で使われもし、聞き取られもしていると言ってもいいのでしょう。

このお手紙に書かれた「明法御坊の往生のこと」の場合は、明らかに亡くなったことでございますね。死という意味で「往生のこと」と言われている。親鸞聖人がお亡くなりになった時に、そばにずっと居て世話をし続けられた娘の覚信尼公が、母親の恵信尼公に親鸞聖人がお亡くなりになったことを書いて知らされたお手紙が残っています。そのお手紙に対する恵信尼公のお手紙が、また残されておりますが、そこにも、

何《なに》よりも、殿の御往生《おうじょう》、中々、はじめて申すにおよばず候う。

（『恵信尼消息』聖典六一六頁）

と、「殿の御往生」と、こう書かれてございます。この場合の往生も、お亡くなりになったという意味で使われていることは明らかでございますね。

その他にも、たとえば『末燈鈔』には、

この身はいまはとしきわまりてそうらえば、さだめてさきだちて往生しそうらわんずれば、浄土にてかならずかならずまちまいらせそうろうべし。（聖典六〇七頁）

というお言葉がございます。これは、もう私も年をとってしまった、定めて私の方が先に往生するでしょう、ということです。この場合も、死ぬことを往生とおっしゃっていますね。

ところが一方では、

信心のさだまるとき、往生またさだまるなり。（『末燈鈔』聖典六〇〇頁）

とおっしゃっています。これは信心獲得ということを往生という言葉で語られているわけでございます。いったいどこに、親鸞聖人の真意というか、本当の気持ちがあるのでしょうか。そういうことで、議論が交わされるわけでございます。二つの使い方があるものですから、それぞれ親鸞聖人の言葉を挙げて、親鸞聖人は死ぬ時のことを往生とおっしゃっているのだ、あるいは、いやそうではない信心獲得の時のことを往生とおっしゃっているのだ、という議論がなされているわけでございます。

第二通目のお手紙では、「明法の御坊の御往生のこと」とおっしゃっていまして、これは明らかに亡くなった時のことでございます。続いて、「まのあたりにききそうろうもうれしくそうろう」とございます。これは、亡くなったという知らせを受けて、京都で親鸞聖人が明法坊のことをいろいろ思っておられる。しかし確かなことは少しもわからない。その時に、明教坊から、こういうことでした、こういうようにして亡くなっていかれましたと、細かに具体的に教えられて、そのことがうれしくそうろうと。こうおっしゃっているようにも読めますし、そうなんでしょう。

第一通には、

明法御坊《みょうほうのおんぼう》の往生のこと、おどろきもうすべきにはあらねども、かえすがえすうれしうそうろう。鹿島《かしま》・行方《なめかた》・奥郡《おうぐん》、かようの往生ねがわせたまうひとびとの、みなの御よろこびにてそうろう。

（聖典五六〇頁）

とありました。ここでは、「明法御坊の往生のこと、おどろきもうすべきにはあらねども、かえすがえすうれしうそうろう」と、明法坊がお亡くなりになったことを、かえすがえすうれしうそうろうと言われています。さらに、「鹿島・行方・奥郡」のそれぞれの土地におられる念仏者の御同朋たち、「かようの往生ねがわせたまうひとびとの、みなの御よろこびにてそうろう」と、こう書いてございますね。往生なさったことを皆のお喜びと言われています。これはどうも、人が亡くなった時に言う言葉とは思えないのです。あの人が亡くなったか、それは嬉ばしいことだと言うと、よほど明法坊が皆から煙たがられていて、とうとうあの人も亡くなったか、これからはのびのびと話し合いができると、そういうことなのか、となりますね。でもそうではございませんでしょう。

そうすると、ここでは確かに亡くなった時のことを、御往生とおっしゃっているけれども、それはただ亡くなったことだけを言われているのか、もしそうだとしたら「よろこびにてそうろう」という言葉はどうしてもなじまない。

さらにまた、

おのおの、いよいよみな、往生《おうじょう》は一定《いちじょう》とおぼしめすべし。

（『御消息（広本）』聖典五六〇頁）

と、明法坊が亡くなったことを通して念仏申しておられます皆さま方の「往生は一定とおぼしめすべし」と、親鸞聖人がおっしゃっているのですね。どうもそこのところを、どう受け取ればいいのか、ということがございます。

生き方に迷うことは、人間に与えられた能力

親鸞聖人にとっては、往生一定ということが生涯を貫く根本の問題であったわけです。そして、往生ということが、亡くなることと、「信心のさだまるとき、往生またさだまるなり」（『末燈鈔』聖典六〇〇頁）という二つの意味に使われているわけです。

それは、一つには私の往生という問題がはっきりしたということと、私の人生そのもの、私の一生が往生の歩みとして決定したということを意味しているのだと思います。つまり、私たちはその時その時の状況に振り回され、いろいろな問題を抱え、右

往左往しているわけでございます。いったい自分の人生は何だったのだということ。自分の人生を振り返った時、いったい私は何をしてきたんだという問いをもちます。

人間というものは、専門の学者に言わせますと、だいたい十五年から二十年は早く生まれているというんですね。つまり、動物が生まれてすぐにできる能力、その能力を人間が身につけるまでは十五年かかると。サバンナで生まれる野生の動物の子どもというのは、産み落とされたら、すぐに立ち上がって走る力をもっている。危険が迫ったら、さっと隠れる力をもっている。人間がそういうものを身につけるまでには、十五年から二十年かかる。だから、それだけ早く生まれてきてしまっているのだということが言われています。とにかく、生き方が身についていない。そのために生き方に迷うことになる。そういう動物なんですね。

ただ、その生き方に迷うということが、また同時に人間に与えられた能力なのでございます。迷うが故に尋ねるということがある。迷うが故に求めるということがある。迷いがなかったら聞くということはないでしょう。私たちが何か教えに会う、聞くということもないでしょう。

金沢市の隣の松任《まっとう》市という所におられました、山崎よんというおばあさんは、十九歳の時に子どもを産むのですが、夫に捨てられてしまう。しかも、その子は身体に障害をもっており、その子を抱えて一人で行商をして生活してこられたんですね。そのおばあさんが、こういうことをおっしゃっています。こういう生活をしていると、いろいろなところから声をかけてくださる。先日も若い人が五、六人でみえて、「おばあさん不安はないですか」とおっしゃる。ですから「不安ばっかりでね」と答えた。そうしたら、その若い人たちが「私らは無料で不安を取ってあげる会をしているから、おばあさんも僕らの会のところにきて、不安を取ってもろうたら、どうや」と勧めてくださった。すると、そのおばあさんは「それはご苦労さまなことだ。だけど、この不安をあんたらにあげてしもうたら、ウラは何を力に生きていったら、ええがやね」と、そうおっしゃったんですね。「不安がいのちやもん。不安があればこそ、こんな私も一生懸命聞法させてもらってきた。不安があればこそいろんな人の教えを聞くこともできた。不安があればこそ、ぬくぬくとただ面白おかしく過ごすことを自分に許せない。今私がこういう道に出会わせてもらい、その道を少しずつでも歩ませてもらっているのは不安あればこそだ。この不安をあんたらにあげてしもうたら、ウラは何を力に生きていったらええがやね」とおっしゃったということです。そのように、生き方に迷い、不安を感ずる。それが人間の大きな能力でございまして、そういう不安を深く生きた人ほど、真の教えを求めていかれるのでしょう。

私たちは、不安から目をそらし、心を紛らわせることで日々を送ってしまうのでございます。安田理深先生と茂田井《もたい》教亨《きょうこう》先生の対談が本になって『不安に立つ』という名で出ていますが、まさにその不安ということが大きないのちでございます。私も七十三年生きてきたわけですが、七十三年人間を生きてきても、生き方が定まらないのでございますね。私たちの人生において何を求め、何をしようとしているのか、自分の心が求めているものが自分にわからないということがございます。私たちが一つの往生の道を求め、私の一生は往生浄土の道を求めた一生であったということがはっきりした。そういう意味が、この往生一定という言葉には語られてあるのでございましょう。

「往生」は名詞でなく動詞である

親鸞聖人は、人間としての人生の意味を往生という言葉でうなずかれ、そして人間とは往生人だと、こう尊ばれています。『教行信証』「行巻」には、

　敬いて一切往生人《おうじょうにん》等に白《もう》さく、　（聖典二〇〇頁）

と、私たちに呼びかけておられるのですね。この一切というのは「已今当《いこんとう》」という言葉で教えられております。已《すで》に往生人としての生涯を生きられた人、今現在その人生を往生の歩みとして生きておられる人。当というのは未来でございますね。今はまだ仏法なんてと背を向けて、教えなんか聞く耳をもたないという人であっても、しかし人間としてその人の中に生きられているいのちというものは、往生浄土の道を求めているのだ、いのちの根本はそこにある。だから、背を向けている人にも、未来の往生人と呼びかけておられるわけでございます。ですから私たちにとって、宗祖親鸞聖人というのは、この私に向かって、「汝《なんじ》往生人よ」と呼びかけられている方でございま

すね。私たちは、親鸞聖人によって呼びかけられている、しかも敬いをもって呼びかけられている。「敬いて一切往生人等に白さく」と、こう語られているわけですが、そういう往生の道として人生が定まるのは、信心が定まる時だ。それならば、死ぬ時に往生となぜおっしゃるのか。

これは別のことでお聞きしたんだと思うんですが、たまたま安田理深先生がこういうことをお話くださいました。よその家によばれて行ってですね、その家の奥様の心づくしの料理をずらっと前に並べていただいて、どうぞおあがりくださいとこう言われる。それに対して「有り難うございます。いただきます」と頭を下げる。その「有り難うございます。いただきます」と言った時、その料理の全部をいただいたんですね。実際に料理を食べていくのは、それからの一口一口です。ただ、食べていけるのは、最初に全部いただいたからです。たくさんご馳走を並べられても、あなたにあげるのはこれだけですよと言われたら、他のものには箸が出せないですよね。そこに並べていただいた料理を、全部「どうぞおあがりください」とうながされ、「有り難うございます。いただきます」と頭を下げる。その頭を下げるという、いただきますというそれが、信心獲得ということでございます。その時、一気にいただいたんです。本願の世界を全部受け取ったのです。

ただ、受け取った本願の世界を、私の人生において一歩一歩、歩んでいく。その一歩一歩の歩み、それがまさに往生人としての人生でございます。人生は厳しゅうございますから、そこには、いろいろな問題に打ちひしがれるということもございます。とてもではないが、もう聞法どころじゃないという思いをもつこともある。その歩みが、どこで退転してしまうかですね。一定の在り方に後戻りしてしまったり、何か横道にそれてしまったり。つまり、他のご利益目当ての教えに心が動かされたりということが絶えずある。そういう中を退転することなく、ついにその生涯を往生の願いをもって生き切られた。その生き切られたそのことを「めでたくそうろう」と、こうおっしゃるんでしょう。いのちが終わって、いのちが亡くなったことを、めでたいとおっしゃっているのではないのです。往生の歩みを最後まで歩み続けていかれた。どういうことが起ころうと、歩みというものが絶えることがない。往生の歩みが、人生のそれぞれの現実の問題を本当に受け止めさせてくださる。そのことを貫いて、亡くなっていかれた。だからこそ、同じ念仏に生きている人々にとって大きな力添えであり、また大きな喜びである。皆さまのお喜びなのでありましょう。

ところが、私たちは「往生」という言葉を名詞としてとらえてしまうということがある。名詞としてとらえますと、どの時点を往生というのかという問題が出てきますね。そのために、信心獲得する時だとする人と、生涯を閉じた時だとする人とに分かれてもくるのでしょう。それはどちらも、往生ということを、人生の中のある時点の体験、そういうとらえ方をしているからでございます。

今日で申しますと、どこで死を判定するのかということが問題になってくる。どの時点で死というものを判定するのか。昔はそんなことは必要がなかったですね。一応お医者さんは、心臓が止まり、息をしていなくて、瞳孔が開くということで確かめられますけれども、私たち一般の者は、生涯を終えてしまわれたその人のそばに、一晩ずっと寄り添って共に時をすごす。つまり死というのは、ポンと断ち切れるんじゃないんです。死もまたいのちの営みなんです。生きるということだけがいのちの営みじゃない。死んでいくんです。死も動詞なんですね。死という名詞でとらえようとすると、どういう現象をとらえて、どこで死と判定するのかということが、問題になってくるんですね。けれどもそうじゃない。

吉野秀雄という方の、

ことときれし　母がみ手とり　懐《ふところ》に　温《ぬく》めまゐらす　子なればわれは

という歌がございます。

昔は、体の温もりが消えていく、次第に温もりが消えていく、そこにいのちを終えて死んでいく、いのちの営みを感じていたわけでございますね。だから多くの場合、昔は自宅で死んでいきましたし、親族が集まって、だんだん冷たくなっていく手足を一生懸命こすって、温もりを少しでも長く保とうとした。吉野さんは、懐で冷たくなっていくお母さんの手を温めて、少しでも、となさっているわけでございます。そういうように、死んでいくいのちを、ずっと寄り添って見送る。それが昔の死の迎え方でございました。

今は何時何分ご臨終ですと言って、ポンと切ってしまうんですね。あとはバタバタとなってしまう。それは、死ということを名詞でとらえるからそうなるんですね。判定するということになる。

往生ということも名詞でとらえると、どっちだと判定が問題になる。そんなことではないんでしょう。往生してゆく歩みなんだ、往生してゆく一生であり、往生してゆくいのちの営みなのでございましょう。刻々に一歩一歩に浄土の願心を身に感じ、その願心にうながされて一歩一歩歩んでゆく、途中で挫折することもなく、その歩みを歩み続けていのちを終えていかれた。その時には、往生ということひとつを語る生涯として、後に残されたものの大きな導きになるということがあるのでございましょう。何かそういうことで、ここに、

明法《みょうほう》の御坊《おんぼう》の御往生《ごおうじょう》のことを、まのあたりにききそうろうもうれしくそうろう。

（聖典五六三頁）

と、こういうお言葉がおかれてあると思います。そして、あらためて「としごろ念仏して往生をねがうしるしには」と、「ねんごろのこころ」ということがそこに取り上げられてまいります。「ねんごろのこころ」という言葉が、今日私たち人間が見失ってきている大きな問題でございまして、いわゆる人間関係が全部崩れ去ってゆくそう

いう問題の根っこにあるものが、そこには教えられてあるように思います。

「ねんごろ」とはいのちを共にしているということ

親鸞聖人の『御消息集（広本）』第二通は、

この文《ふみ》を、たれたれにも、おなじ御《おん》こころによみきかせたまうべくそうろう。この文は奥郡《おうぐん》におわします同朋《どうぼう》の御《おん》なかに、おなじくみな御覧《ごらん》そうろうべし。あなかしこ、あなかしこ。（聖典五六三頁）

と、一度「あなかしこ、あなかしこ」と文が結ばれています。そしてまたあらためて、

としごろ念仏して往生をねがうしるしには、もとあしかりしわがこころをもおもいかえして、ともの同朋《どうぼう》にもねんごろのこころのおわしましあわばこそ、世《よ》をいとうしるしにてもそうらわめとこそ、おぼえそうらえ。よくよく御こころえそうろうべし。（聖典五六三頁）

と、こうお書きになっておられます。ここで、繰り返し「しるし」という言葉を使わ

れています。ここで言われる「しるし」とは、念仏者になるとはこういうことであるのかと、念仏者の姿を見て、そこに人間としていのちを尽くして生きていく、そういう姿を感じて確かにうなずくという、表に現れたものがあるということでしょう。周りの人が見てうなずくということがある、親鸞聖人はそういうことを「しるし」という言葉で挙げられ、それを大事になさっている。

「さとる」ということにしても、いろいろな文字が使われますが、「証」という字は「しるし」ということですね。証拠の証です。今ここでは「としごろ念仏して」と、「としごろ」というのは長年でございますね、長い間という意味も押さえてございます。しかも、私は十年念仏してきているとか、二十年念仏の教えを聞いてきているという、十年、二十年と過ぎ去った年数だけを「としごろ」と言われたのではございません。これは、私たちの人生の年月でございます。決して無内容ではないのですね。生活の問題が詰まっている年月でございますね。ですから、としごろ念仏してきたということは、言葉を換えれば、悲しい時も苦しい時も、また嬉しい時も、共に念仏してきたという意味が、この「としごろ」という言葉には含まれるわけでございます。

その生活の中で出会ってきた出来事。その出来事の一つ一つを受け止めながら、そこに常に念仏の心を新たにして歩んできたということが押さえられるわけです。

「としごろ念仏して往生をねがうしるしには、もとあしかりしわがこころをもおもいかえしして」とありますが、ここにある「もと」は今までのということですね。「あしかりしわがこころ」というのは、簡単にいえば悪い心です。前にご紹介した山崎よんさんと同じ松任市におられる浅田正作さんは、もともとお百姓さんであったのですけれども、家庭の問題、仕事の問題など、いろいろなことから仕事をお辞めになって、京都の専修学院というところで僧侶としての勉強を積まれて、あるお寺の役僧をなさりながら詩を書いておられます。その浅田さんの詩に、

回心

自分が可愛い
ただ　それだけのことで
生きていた
それが　深い悲しみとなったとき

ちがった世界が
ひらけて来た

（『念仏詩集　骨道を行く』法藏館刊）

という詩がございます。いろいろな問題が深く、家庭の問題、仕事の上での問題、あの人この人との問題、だけど今振り返って思えば、結局そこにあったものは、自分が可愛いという思いひとつであった。「ただ　それだけのことで　生きていた」と、そう言い切るまでには大変な心の葛藤が重ねられたと思うのですけども。「ただ　それだけのことで　生きていた」そのことが、あらためて深い悲しみとして感じ取られる。「それが　深い悲しみとなったとき　ちがった世界がひらけて来た」。この詩には、「回心《えしん》」という題がつけられているんですけれども、「もとあしかりしわがこころ」というのも、一言で押さえれば、結局は自分が可愛いという心でございますね。結局すべてを自分が可愛いというところに立って、判断し、評価し、人を選ぶ。結構いろいろな、もっともらしい言葉を重ねているけれども、いちばん根っこにあるものは、自分が可愛いという我執でございますね。

その我執に染まった、「もとあしかりしわがこころをもおもいかえして、ともの同朋にも」。この「とも」と「同朋」は、同じ意味でございます。同じ意味の言葉を重ねて言葉の調子を強くするということが文章の上でございまして、この場合もその「共に」ということを強くするために「ともの同朋にも」といわれているのですね。

ねんごろのこころのおわしましあわばこそ、世をいとうしるしにてもそうらわめとこそ、（聖典五六三頁）

とあり、「ねんごろ」という言葉がそこに置かれてまいります。「ねんごろ」というのはどんな心か。我々は今日でも、ねんごろという言葉を使いますね。「あの人はねんごろな人だ」というような使い方をします。何か、形だけで済ませてしまう人ではなくて、本当に心を込めて関わってくださる、そういう時に、ねんごろな人だと申しますね。

『広辞苑』を引いてみますと、「ねもころ」という言葉が転じてできた言葉だとあります。そして、①真心でするさま　②心遣いの細やかなさま　③親切　④念入りにするさま　⑤互いに親しみあうさま。これだけのことが『広辞苑』には書かれています。それで一応、言葉の意味はわかるわけですね。「ねんごろ」というのは、心遣いの細やかな、そして互いに親しみ合う心だということです。

ところで、長年念仏申してきたその「しるし」が、この心細やかな配慮をして、親しみ合う、何かそういうことなのか。そういうことが、念仏者の「しるし」になるのか。こういう心は、もちろん大事な心でございますね。いがみ合うよりも互いに親しみ合うほうがどれだけ願わしいか、言うまでもないことですね。そうではありますが、念仏申してきた「しるし」だと言われると、物足りないという気がします。

そこで、あらためて「ねんごろ」ということを考えてみますと、「ねもころ」という言葉から来ている言葉だということですが、その「ねもころ」とは、どういうことかと、小学館の『古語辞典』を見ますと、「ねもころとは、根が絡み合っているというさまを表す言葉であろうか?」とあります。辞書というのは、ハッキリと書いてあるものですが、疑問符をつけて「あろうか?」と書かれていました。しかし、これは非常に面白い言葉だと思います。根が絡み合っているということは、いのちを共にしているということでございますね。邪魔だからといって相手の木を切り離したら、根は絡み合っているのですから自分の根も傷つき、自分も枯れてゆく。そこにいのちを共にして生きているもの、そういう意味が、根も絡むという言葉にはございます。

『阿弥陀経』には、浄土にはたくさんの鳥がいるということで、多くの鳥の名前が説かれているのですが、その中に「共命鳥《ぐみょうちょう》」という鳥が出てきます。共命鳥というのは、一身双頭の鳥といわれています。胴体が一つで頭が二つあるというので、これははなはだ不便ですね。頭が二つあるということは、思いが二つあるということなんですね。その二つの思いが、一緒になっていればいいのですけれど、思いは別々でございます。右の頭が、喉が渇いたから水を飲みたいと言って右のほうに行こうとする。左の頭は飯が先だと思って、左のほうに行こうとする。ところが、胴体は一つですから、お互いに引っ張り合うことになって、結局どちらも目的が達成できない。このようなことになって、はなはだ困るわけでございます。

いろいろな伝説が、この共命鳥には伝えられています。そのなかに、こんな物語があります。困った左のほうの頭が考えるわけですね。右の頭さえいなかったら、どんなに自由に、どんなに楽しく暮らせるだろうかと。そこで、右の頭に毒を飲ませることにした。それで、右の頭は、知らずに毒を飲まされて死んでしまう。左の頭が、さあ、これで自分の思い通りに動けるぞと思って喜んでいたら、毒がだんだん全身に回ってくるわけですね。胴体は一つですから、自分の胴体にも毒が回ってきて、結局自分もいのちを落としてしまったというのです。私たちも、自分が可愛いというところで、お互いがいがみ合い、自分の思いを主張し合う。そういうかたちでもたらされてくる在り方、そういうものが教えられているかと思います。

ある意味では、今日問題になっております公害という問題も、じつは一身双頭の姿でございますね。左の頭が人間、右の頭が自然の在り方。左の頭の人間が、どうも気にくわん、自分の思いどおりに直したいということで、右の頭をどついて直すと、そういうことでございましょうね。そのようにして、自然の本来の在り方を歪めてきた結果が、そのまま現在の私たちの在り方を苦しめている。問題を抱えて生きなければならなくなっている。

つながりをいのちとして生きている

自然と私たち人間の生活とは、根が絡み合っているのでございます。ところが人間は、自分の都合だけで自然のほうを変えてきたわけです。その結果がそのまま私たちに回ってきている。そして、自然というものを破壊してゆくことで、人間としての自然も失わせてゆくことになってしまった。人間の自然な心のありようが、人間ならそれだけはできないと思えていたことが、今はどんどん崩れていますね。おばあさんが孫を殺すなどということは、まさか、こんなことがですね。何の関係もない子を連れまわして、最後はビルの上から突き落とすとかですね。殺人というのは、悲しいことに人間の歴史の昔からずっとあるわけでございますが、そこにはある意味のぎりぎりの感情のもつれがあって、最後に死を招いたというようなことでございますね。そこには同感はできなくても、そういう思いまで追い詰められていくという、心の弱さということを教えられるということがございました。しかし、今は気分でやってしまうわけです。何の必然性もない殺人でございますね。ただむしゃくしゃしたからといって、小学校に入っていって何の罪もない子どもを傷つける。何か、決して事件を起こした犯人一人だけがおかしいのではないということを、そういった事件を知らされるたびに感じますね。

何か私たちの在り方そのものが狂ってきていますね。決して事件を起こした犯人だけが異常になっていて、そういうことをしたとは思えないものを感じるわけでございます。それは人間としての自然を、私たちが失ってきた。仏教の言葉では自然《じねん》といわれます。そして親鸞聖人は、この自然という言葉を非常に大事に使っておられます。もともとは、『無量寿経』に自然という言葉が数多く使われています。親鸞聖人は、

弥陀仏《みだぶつ》は、自然《じねん》のようをしらせんりょうなり。
（『正像末和讃』聖典五一一頁）

というような表現で、自然という言葉を繰り返し使っておられます。

自然《じねん》というは、自《じ》は、おのずからという。（中略）然《ねん》というは、しからしむということば、
（『正像末和讃』聖典五一〇頁）

ですね。そして、浄土ということも、自然という言葉で表されますね。「自然《じねん》の浄《じょう》

土《ど》」（『浄土和讃』聖典四八五頁）ということが説かれています。自然ということが崩れてきている。自然を失って、人間のおのずからなる在り方を歪められてきているということがあるわけでございます。そういう今日の問題にも絡んでくるわけです。そういうことが、一身双頭の共命鳥という鳥の話に譬えられているのです。そして、他の人々を、周りの人々を自己として生きる。自分自身と同じ願いにおいて生きるという在り方が開かれるのが、浄土という世界だと説かれてあるわけでございます。

「ねんごろ」という言葉は、根が絡み合っているということを意味している。つまり念仏において知らされてきますことの第一は、私たちは周りの人々とのつながりをいのちとして生きているものなのだ、ということでございます。今日私たちは、まず私があって、その私がどう周りと関係をもっていけばいいのだろうという考え方をしています。そしてそのために、いろいろなことをしているわけです。規則を作ってみたり、いろいろなグループを作ってみたりしているわけです。そうではなくて、いのちは本来つながりの中にしかないのです。まず私があってというけれど、私はどこにもない。ところが、私たちは生活してゆくときに、まず私があって、自分の気持ちを主張し、自分の気分によって動くわけでございます。

高史明《コサミョン》先生が、こういうことを書いておられますし、お話しもされておられます。高さんの一人息子さんが、十二歳で自らいのちを絶って亡くなった。まさに身をよじるような親としての悲しみの中で『歎異抄』と出会い、そこから念仏者として歩みだされた。その高さんの所に、若い人たちがよく相談にきたり、教えの言葉を聞きにこられたりするそうです。あるとき、一人の中学二年生とおぼしき女の子が訪ねてきたので部屋に通したら、挨拶もせずに、本当に緊張しきった顔で、いきなり「死にたいんです」とこう言ったそうです。高さんは、何とか少しでも心を和らげてあげたいと思われたんでしょう。「どこが死にたいと思ってるの」と聞かれるんですね。そんな聞き方をされることはめったにないでしょうね。死にたいんだと言っている人に、「あなたのどこが死にたいと思っているのか」という質問はまずないでしょう。どうしてという理由を聞くでしょうね。だから、高さんが、「どこが死にたいと思っているか」と聞かれたものですから、何を聞かれたのかわからない女の子は、キョトンとしているわけです。すると、今度は、高さんが自分の頭を指さして、「ここが死にた

いと思っているの」と聞かれた。そうすると、やっと意味がわかったんでしょうね、女の子がコックリとうなずいた。それで、

「死んだらもう二度と帰ってこないんだよ。そうしたら、頭だけで決めるのはどうかな。手にも私は死にたいと思うけれども、死んでもいいかなと、こう聞いてみないといけないいんじゃないかな。胴体にも聞いてみないといけないいんじゃないかな。そして何よりも、今まであなたの全体重を支えて、大地に立ってあなたを生かしてくれた足の裏に聞かなければいけないいんじゃないかな。だから、まず足の裏を洗って、よく拭いて、足の裏にへのへのもへ字を書いて、そして足の裏に聞いてごらん。私は死にたいと思っているんだけれども、死んでもいいかと。足の裏の声が聞こえなかったら、聞こえてくるまで歩いてごらん。生きるということは歩くということだよ」

と高さんがおっしゃったのですね。

　生きるということは、頭だけで考えることじゃないんだ。生きるということは歩くということ。歩くということは、全身を使って全身に感じて生きるということなんですね。ところが、若い人たちの間には、何かを全身を使って行ない、全身を使って感

じるということが、どんどん失われてきている。

そういうところで、私たちはまず自分があってというところに立つ。、これがじつは「もとあしかりしわがこころ」（『御消息集（広本）』聖典五六三頁）でございます。念仏の教えに目覚めるまでの私たちの在り方は、必ず、まず私があってという自己中心の生き方になっている。そしてその時には、自分にとって意義がある、自分にとって好ましい、そういうものを選び取る。そして、自分にとって意味のない、自分にとって感じの悪い、そういうものは全部排除していくという在り方が、必ずもたらされてくる。そういうことが、今日の、むしゃくしゃして目障りなものは、払いのけるようにしていいのちを奪っていくということにもなってきているわけでしょう。だからこそ、そうではなかった、こんなにもたくさんのいのちのつながりの中で自分の人生が支えられていたと気づくということが大切になるのでしょう。

いのちの願いによってあなたは生まれ出た

祖父江文宏《そぶえふみひろ》さんが、『詩集　残された時間』という詩集を出されました。その中に「特別な　あの日」という詩があります。この詩は、ここに挙げました言葉の前にも後にも数行ずつ言葉があるんですが、今は略させていただきまして、要といいますかぜひ読んでいただきたいところだけを抜き出しました。

祖父江文宏さんは、知多半島のちょうど真ん中あたりで暁《あかつき》学園という学園の園長をしておられました。親からいわゆる虐待をされて、そのままではいのちが危ないということで引き取られた子どもとか、捨て子となって行き所のない子どもたちと、一緒に暮らしておられる学園でございます。

その祖父江さんが、間質性肺炎という病気になられた。肺の細胞がつぶれていくために、だんだん息ができなくなっていくわけでございます。「残された時間」という全体の題は、文字通りあと二か月、もっても三か月という、目の前に迫っている死というものを見つめながら語り、書きのこされた言葉、詩が主に集められていることからつけられたものです。これとは別に、『悲しみに身を添わせて』という題の講演集と、後半に王舎城の悲劇を祖父江さんが独自にお作りになった脚本が収められた本が東本願寺から出版されています。

「特別な　あの日」は、赤ちゃんに恵まれた時の喜びをうたわれた詩です。この詩は、まだこの病気が発見される前の詩です。子どもが生まれた時の喜びや感動を、うたっておられるわけです。

「特別な　あの日」
あの日　特別な　あの日
あなたは　ひかりの舟に乗って
わたしのところに　やってきてくれた
なにひとつ持たず　必要なものだけを持って
あなたは　赤ちゃんとしてやってきてくれた

あなたのおかげで
ありふれた日の　色が変わり
特別な　あの日になって
風景が　きらめいた
あなたは　海と光のにおいがした

あなたは　眠る
幾千万年の　生き死にの歴史の
その確かな結実として
旅人のように　眠る
あなたは　笑う
幾十億もの　いま生きてあるものと
つながる安心として
同朋のように　笑う

あなたは　泣く
　抱いているわたしのために
　海のように広い涙の一滴で
　仏のように　泣く
あなたは　広大無辺の宇宙に光を受けて輝く
　宇宙の芯　交差する悠久の時間　軸だ

こんなにも大きな世界を
こんなにも小さな無防備な体に包みこんで
あなたは
赤ちゃんとして　わたしのもとに
やってきてくれた

ここに、いのちという問題が問われているわけでございます。

今日はあらためて、いのちということを根本から問い直さなければならない時代になっているかと思うのでございます。祖父江さんは、まず、「あなたは　眠る　幾千万年の　生き死にの歴史の　その確かな結実として　旅人のように　眠る」と言われます。これは、『悲しみに身を添わせて』というこの本に収められている講演の中でも触れられています。その講演は、亡くなる二か月前ですが、車椅子に酸素ボンベを乗せて酸素ボンベで息をしながら、名古屋の同朋大学に新しく入ってきた学生に向かって語りかけられた講演の記録でございます。ある意味で、これから社会を築いていく若い人たちへの、先に逝く者としての遺言というような、それほどの思いをもって語られている言葉なんです。その中で、こういうことをおっしゃっていました。

エベレストのマチャプチャレという、いちばん高いところですかね、そこから四億二千万年前のいのちが、化石として見つかったそうです。生き物の化石が見つかった。時代考証の結果、四億二千万年前の生き物の化石だと報告されています。たまたま子どもたちと一緒に、テレビでその四億二千万年前の化石が見つかったというのを見ておられたんだそうです。そうしたら、子どもの一人が「わかった」とこう言ったそうです。暁学園で子どもたちと生活しておられて、子どもたちも園長の祖父江さんのいのちが長くないということを聞きもし、感じもし、いつもそのことが頭にあるんでしょう。「園長すけ」と子どもたちが呼ぶんですけれど、「園長すけの寿命は四億二千万年だ」と。そういう話にも触れながら、「この地球上のいのちの歴史は、四億二千万年の歴史をもっている。そのいのちの歴史というものが、生まれ変わり死に変わりするたびに、一つの願いとなって、新しいいのちを生み出してきた。その歴史が今、あなたを生み出してきたんだ。歴史を築いてきた、そういういのちの歴史が、生まれ変わり死に変わりする中で、いのちの願いとなって、そしてその願いによって、あなたはこの世に生まれ出てきたんだ。たまたま生まれてきたんじゃない」ということを話しておられます。

　この四億二千万年というのも、ただ四億二千万年という年月が過ぎ去っていったというわけではないでしょう。それこそ祖父江さんがおっしゃいますように、生まれ変わり、死に変わりということがございます。これは幸《こう》田《だ》文《あや》さんの随筆で読ませていただきました。北海道でエゾマツが秋になるとたくさんの種をまくわけですね。そこから、春になると芽吹くのですけれど、自然が厳しいものですから、その中で育っていく芽はほんのわずかだそうです。たまたま寿命が終わって倒れたエゾマツは、倒れてから長い年月が経つと、腐ってくる。そして表面にはコケが生え、その上にたまたま落ちた種は、倒木の腐った土のぬくもり、コケの潤い、そういうもので守られて育っていくのだそうです。そうすると、倒木の長さだけ一列に一直線に、同じ高さの若いエゾマツの木がすっと生えてくる、その姿を「倒木更新」と呼ぶのだということです。幸田さんがそのことをお聞きになった時には七十歳を越えておられましたが、矢も楯もたまらなくなって、北海道に飛ばれた。そして、長靴を履いて山の奥へ分け入って、実際に倒木更新を見て、その感動を書いておられます。

四億二千万年の歴史というのは、これはまさに倒木更新の歴史なのです。先に死んだものが、やはり生涯を通して、いのちの歴史を通して、新しいいのちを育み導く。そして、先に逝ったものの願いを受けて、新しい若木は育っていく。そういう歴史が重ねられ、重ねられるたびに、願いというものが深く確かめられていき、その願いを身に受けて、あなたは今生まれてきたんだと。祖父江さんは、「幾千万年の　生き死

にの歴史の　その確かな結実として　旅人のように　眠る」と言われます。つまり、まさに私のところに訪ねてきてくださった、そういういのちとして、祖父江さんは我が子を全身で受け止めておられる。それを「旅人のように」、しかも私の中で眠ると、こう歌われているんですね。私たちは、決して、まず私があってというところから始まっているのではないということです。

私は、京都のお寺の十八代目の住職をしていましたが、そのときに十八代目で親は何人いるか知っているかと聞かれた方がいました。私は、分からなくて、さあと言っていましたら、親は十三万一千七十二人になるのだそうです。両親にそれぞれ両親がいる。おじいさん、おばあさんに、さらにそれぞれ両親がいる。上にどんどん増えていきまして、十七代先までさかのぼりますと、十三万一千七十二人に達するのですね。私の先祖は、十七代先に始まるということではなくて、もっとその先にもいるわけでございます。

それだけのいのちの歴史。それぞれが願いをもって、それぞれの人生を生きて死んでいかれた。その人々の歴史を、今この身に受けて、私たちはこの人生を生かされている。ところが、私たちは、その人生を、まず私があってというところからしかとらえていないし、その自分というものを、何か個々でバラバラといいますか、私は私というところに立ってとらえている。そして、いつも周りと比べて、優越感に浸ったり、劣等感に陥ったり。常に心が休まらないということがございます。そこに、何か「ねんごろ」という第一の意味としてですね、私たちはどれだけ多くのいのちの歴史を身に受けて、今生きているのか。その事実をあらためて感じ、知らされる時、それこそ、どうせこんな私なんかというような言葉は決して使えなくなる。そういう投げやりないのちの受け止めは許されなくなる。それだけの重いいのちを、この身にいただいているのです。そのことがまず、「ねんごろ」という言葉の第一に押さえられる。祖父江さんの詩に沿っていえば、まずそういうことがひとつ知らされるかと思うのでございます。

この私を私として愛する

親鸞聖人が「念仏者のしるし」を「ねんごろ」という言葉で教えていてくださるのですが、その「ねんごろ」という言葉は、根も絡み合うということから来ている言葉だとされます。そのことが私には、大きな指針といいましょうか、意味を考えさせてくださる手がかりになったと思われるわけです。それで、その根が絡み合うということには、四億二千万年というのちのつながりということ、その歴史を今この身にこのいのちとして賜っているのだということでございますね。

祖父江さんの詩には、

あなたは　笑う
幾十億もの　いま生きてあるものと
つながる安心として
同朋のように　笑う

とあります。ここに、「幾十億もの　いま生きてあるものと　つながる安心として」と、つながるいのちということがいわれています。そのいのちのつながりということは、仏教の世界からいえば決して人間のいのちだけのつながりではないのでございます。仏教では、いわゆる「衆生」という言葉で表されています。その衆生という言葉には、生きとし生けるものすべてが包まれているわけでございます。

話題になっています、養老孟司という方の『バカの壁』という本が、それこそバカ売れに売れたそうです。それに乗っかってかどうかしりませんが、第二作目として『死の壁』という本が書かれました。その中に面白い話が出ていました。それは、養老さんがブータンに行かれました時に、ある村で食堂に入られたそうです。外から食堂の中に入ったら、電気が明るくついているということはないですから、食堂の中は薄暗くぼんやりとしか見えない。テーブルの前に座ろうとしたら、テーブルが水玉模様だったそうです。珍しいテーブルがあるものだなと思いながら、その前に座られた。そうしたら、一瞬にして水玉が消えちゃったというんですね。よく見たら、ハエが止まっていたということなんです。ハエがいっぱい止まっていたから、それが水玉模様に見えたのだそうです。土地の人がビールのようなものを食堂の隅のほうで飲んでいたのですが、その中の一匹が、そのコップの中にポンと入ったんですね。日本だったら大騒ぎになりますね。ハエが入ったと言ってコップを換えさせたりするんでしょうね。それで、どうするのかと見ていたら、その人は飛び込んだハエを箸でそっとつまんで外に出してやって、逃がしてあげるんです。それを養老さんはじっと見ておられたのですが、その養老さんの視線に気づかれたのか、その人が養老さんのほうを見て、「ひょっとしたら、あれは君のおじいさんかもしれない」とこう言ったというんですね。

そういう、「ひょっとしたら、あのハエは君のおじいさんの生まれ変わりかもしれない」というのは、生きとし生けるものすべてとのいのちのつながりというものを感じ、共に生きているというつながりを感じる心ですね。祖父江さんは、そういうところに「安心」という言葉を使っておられます。安心といいましても、心配がないということではなくて、心に安んずるという意味があるかと思います。今自分がこうして生きている、こういうものとして生きている、その事実に安んずるということでございます。いいますならば、この私を私として愛するということ、それが安心するということの内容でございましょう。何かをもってきて、いろいろ身を固めて、もう大丈夫だ、安心だと、そういうことではない。そうではなくて、この私に何が起ころうと、この私がどういう在り方をしようと、事実を自分の事実として受け止めていける。そういう心の世界をすでに身に受けている。たくさんのいのちのつながりの中に、今私が生かされてあることは、まず自分があって、周りに人がいて、俺のほうが上だ、あいつのほうが上だというようなことではありません。そういう、他と比べて劣等感の中に一喜一憂するというような在り方ではなくて、自分自身の事実をまさしく自分自身のいのちの事実として受け止めていける勇気、そういうものを身に受ける。

江尻和子という、私の友だちのお姉さんなんですけれども、この方も祖父江さんと同じ病気であったんでしょうか、どんどん肺が機能を失っていき、晩年はずっと寝たきりで、娘さんが嫁いでいかれる時も病床で「いってらっしゃい」と声をかけただけというように、ずっと寝ておられたわけです。そういう病床にあって、たまたまでんでん虫が窓のところかどこかを通っているのを見られたんでしょうね。

でで虫は　殻を負う　吾は病を負う

こう、歌っておられます。何か一人ひとりが抱えているいのちの重さでございますね。一人ひとり、誰にも代わってもらうことのできない、誰のいのちも代わってあげることができない、その人その人のいのちの事実を、それぞれに受け止めて生きていく他ない。そのいのちの事実を本当に受け止めた時、人が担っておられるいのちの重さが見えてくるのでございましょう。自分自身が、自分の事実から逃げている間は、他の人が担っておられるいのちの事実の重さも見えませんね。

これはつい先日、千葉県にあります福祉の施設に勤めておられる人から聞かせてもらいました。最近になって二十一歳の女性が入ってこられたそうなんです。どういう病気か存じませんが、腰から上は普通の体で、下半身が普通の大きさの四分の一以下に小さいのだそうです。ですから、もちろん体を支える力などはないわけで、車椅子に乗ったきりの生活でございます。腰から下は足の形をしているんですが、ぶらんぶらんしているだけだそうです。ところが非常に積極的で、そしてユーモアに満ちた方で、「私の障害は、私の生涯だもん」と言われた。体に障害がある、それをどれだけ嘆いてみても、愚痴ってみても、その他に私の生涯はないいんだと。障害をもった身で生きていく他に、私の生涯というものはない。だとしたら、私はこの身を大事に一生懸命に生きていきたいということで、非常に積極的な生き方をしておられるそうです。決して、じめじめした言い方ではなくて、「障害は生涯だもん」と、前向きな精神をもった、力をもった表現をされているのです。そのように言い切れるということは、やはり自分のいのちの事実を本当に受け止めておられるからでしょう。そのように、自分のいのちを受け止めた時、初めて周りの人々がそれぞれに受け止めておられるいのちの重さが見えてくるのでしょう。

いのちの叫びを聞き取る

自分に賜っているいのちを、かけがえのないいのちとして、自分が愛する。このいのちを、私自身が愛するよりほかにない。それこそ親鸞聖人は、信心の第一の姿を、

第一の深信《じんしん》は「決定《けつじょう》して自身を深信する、」　（『愚禿鈔』聖典四四〇頁）

と、「深信自身」と言っておられます。自分自身が本当に深く信じられる。信ずるということは、受け止めていける。信受ですね。仏という存在を信じるのではないのです。私たちは、仏に救われるんじゃないんです。仏を信じる信心に救われるんです。仏という、どこか遠くにいらっしゃる偉い存在によって救われるんじゃない。この仏というのは、私の上に信ずる心を賜ったということ。その自分の中に呼び起こされた信心によって、私ははじめて自分自身を深く愛して生きていける。そこにはいろいろな思い、いろいろな具体的な姿があるわけなんです。そういう、いろいろな重い問題を含んだ自分自身を、まさしく自分自身として深く信ずる。それは私の思いを超えた、私の思いをもってしてはどうしてみようもない、いのちの事実なのです。

そういうものを自覚することを、仏教では「宿業《しゅくごう》」という言葉で示しているのです。この場合の宿は、私の思いを超えている、あるいは、私の思いよりも重い、先立ったいのちの事実でございます。そういう、自分の思いに先立ったいのちの事実というものを深く生きる。人間が人の生き方に感動するというのは、宿業が感動するのだと、安田理深先生が教えてくださいました。頭で感動するということはないんです。

頭で理解して、感動するということじゃない、身が感動する。人の生き方に触れて、たとえば「障害は生涯だ」と言い切って生きておられる、そういう若い娘さんの姿に感動する。それはやはり、そういう厳しい姿からいえば、まことに甘っちょろいものかもしれないけれども、私は私なりに私のいのちの事実というものを、誰に代わってもらうわけにもいかず、そのままを受け止めていく他はない。そういう事実を生きている。その事実が感じ取れるのですね。だからこそ、人の生き方に感動するんでしょう。

いのちということについて、いろいろ議論されますが、いのちとはじつは、端的には、生きているという事実でございます。生きているという事実を離れていのちを云々しても意味はないでしょう。そして、生きているという事実は、感動するというところに確かめられていくわけでございますね。そこに、感動もない、気力もない、何ごとに対しても関心がない、いわゆる無気力、無関心、無感動という、そういうところには、いのちの輝きがあるはずがないんですね。感動するということは、思い通りに生きているところにはないんですね。思いを超えたいのちの事実を生きておられる、そのことが私のいのちに響いてくるんです。そういう響き合ういのちをこの身に賜っている。

祖父江さんは、「幾十億もの　いま生きてあるものと　つながる安心」と言われます。それは、お互いに感動し合う、そういういのちをお互いに感じ合いながら生きている、ということでございますね。

今日、医学で、いのちということがいろいろ分析されまして、今遺伝子が脚光を浴びているわけです。姫路の国立病院の小児科の先生で、本山の研究所にも出ておられます梶原敬一という方がいらっしゃいますが、梶原先生がこういうことをおっしゃっていました。現在医者の世界では、遺伝子というものがいちばん脚光を浴びて、誰も彼もが遺伝子をいじくり回したがっている。そして中には、人間の営みが全部遺伝子によるということならば、人間が老いていくのも、死んでいくのも、全部遺伝子のはたらきによるんだろう。つまり、老いをつかさどる遺伝子、死をつかさどる遺伝子というものがあるに違いない。だとしたら、その遺伝子を見つけて、その遺伝子を取り除いたら永遠に歳を取らない、永遠に死なない身体になる。まさに人類の夢である不老不死が実現すると、真剣にそう考えて研究しているアホな医者がいる、梶原先生は、そういう言い方をなさっておられるのです。実際アホですね。後のことはお考えにならないのですね。絶対に歳を取らない、絶対に死なないとなったらどうなさいます。絶対に死ねないということは、一日には何の意味もないですね。毎日が意味がなくなるでしょう、ずっと続くんですから。

祖父江さんは、まさに自分の死を見つめて生きておられます。そこでは一日一日が本当にかけがえのない一日として生きられている。祖父江さんの詩の中にこういうのがあります。

旅立ちの準備は
できているか
別れの挨拶はもう済ませたか
ありがとうは
言ったか
愛する者を

抱きしめたか
ならば
さあ　逝こうか

と。「ならば　さあ　逝こうか」というのは、今のいのちを、今あるいのちをいかに大事に生きるかですね。

それなのに、絶対に死なないということになったら、もうどうにもこうにもならんでしょう。地獄は、死なない世界なんです。等活地獄といいましてですね、苦しい一生が終わったと思うと、風がしゅっと吹いてきて、鬼が生きろと言うと、またもとの通りに生き返って一からまた始まる。これを等活地獄とこう呼びますね。ですから、死なない世界は地獄でございます。アホなお医者さんは一生懸命に地獄を作ろうとなさっている。

『蕨野行《わらびのこう》』という映画が作られたそうです。これは棄老伝説ですね。東北地方にございます、いわゆる「楢山《ならやま》参り」を描いた『楢山節考《ならやまぶしこう》』が有名でございますね。『楢山節考』のほうは、食べ物の実りが悪い、来年は飢饉になるだろうと予想されると、年寄りは自ら身を捨てて、山に入る。蕨野行のほうは、野に入っていくんですね。そして若い人に少しでも食べ物を残すという、棄老伝説でございます。

その映画に出演した市原悦子という女優さんが、こういうことを言っておられるんです。「死を受け入れるということは、死ぬまできちっと生きることなんですね」と。この映画に出演して、自分の死という状況の中に、自分から身を置いていくわけですね。まさに自分の死というものを受け入れてゆく。しかし自分の死を本当に受け入れた時、その一瞬一瞬を油断できない、きちっと、かけがえの無いひと時、ひと時として生きていくことになる。そういう死を受け入れるということは、死ぬまできちっと生きることなんだということを、市原さんはその映画に出演して教えられたと語っておられます。私たちは、確かに自分の死というものを、見ざる聞かざるで遠ざけています。そのために、今の今というものを、やはりどこかいい加減に生きている。つまり、まだ明日があるさ、明日やり直せばいいさという思いが、抜きがたくございます。それに対して、本当に一日一日を深く生きるということを、市原さんは、自分の死を受け入れるということは、最後まできちっと生きることですねと、そういう言葉で教えてくださいました。

そういうことも、結局私たちが、人間のいのちの事実に目覚めていくことになるんでございましょう。自分だけが置かれた悲しい状況、そう思っている間は、決して安心なんてことはありえません。私の上に起こったいのちの事実を通して、人間としてのいのちの事実に帰っていく。そしてお互いにそれぞれが、それぞれの歩み方において人間の事実を生きている。そのお互いが、お互いのいのちの事実を、全身で受け止めて生きている。その姿にうなずき合う。そういうところに、「安心」「同朋」という言葉で祖父江さんが表されようとされた意味があるのかと思います。

さあ、いのちの事実に帰ろう

そして、さらに祖父江さんは、「あなたは　泣く　抱いているわたしのために　海のように広い涙の一滴で　仏のように　泣く」と歌われています。赤ちゃんが泣くのは、いのちの叫びでございます。そのいのちの叫びをもって、「抱いているわたしのため

に　海のように広い涙の一滴で」とこう言われています。そういういのちの叫びは、一人ひとりの身に呼び覚まされてくる、いのちの叫びでございます。けれども、同時にそれは、私たちそれぞれが、そういういのちの事実を抱えて生きている、人間の叫びでもあるわけです。自分の中に、人間のいのちの叫びを聞き取ることでございます。

聞法ということも、結局は、自分自身の中に人間の願いを聞き、人間のいのちの叫びを聞くこととして、あるわけでございましょう。この私は、ただポツンと生きているんじゃない。そういういのちの限りない呼びかけ合いと、うなずき合いとの中で生きている、ということでございますね。これは親鸞聖人が「帰命」という言葉を押さえられまして、その帰命の「命」という字を八つの言葉で押さえて、明らかにしてくださっています。結論的な意味しか説明できませんけれども、これを「命の八訓」といいます。命の字の八つの意味ということですね。

「命」の言は、業《ごう》なり、招引《まねきひく》なり、使なり、教なり、道なり、信なり、計《はからう》なり、召《めす》なり。ここをもって、「帰命《きみょう》」は本願招喚《しょうかん》の勅命なり。（『行巻』聖典一七七頁）

まず最初に、「業なり、招引なり」と言われています。業なりということは、先ほど申しました、一人ひとりがもっているいのちの重さでございます。誰にも代わることができない、その人その人のいのちの事実。私が担って生きる他ない、そういういのちの事実をこの身に受け止めて生きている。そこに、いのちの現実があるわけでございます。そしてその事実を受け止めてどう生きるかが、どういう世界を開いていくかを招引してくる、招き引く。私の今のあり方が、どういう世界を開いてくるのか。そういう私のいのちの営みは、決して個人的な営みに終わるものではないのでございましょう。

そして、「使なり、教なり」と。これは、どちらも「せしめる」。使令、教令ということがございます。先ほども言いましたが、私を「せしめるもの」、それは何かといいますと、いちばん具体的には不安ということでございましょう。私たちのいのちは、必ず不安を抱えています。そして、その不安こそが、私を常に歩ませ、求めさせる。ただ不安が不安でとどまっているだけなら、これは耐えられないことでございますが、そこによき人に出会うということがあるならば、この教令というのは結局、私が歩んでいくべき道をそこに指し示してくださるというか、私の上に伝えてくださる、うながしでございます。その意味では、教えの言葉といってもいいのでしょう。この「使なり、教なり」は一言で言えば、うながしということです。私たちのいのちは、私をうながしてくるものをもっている。私のいのちなんだけれども、しかし私のものとは言えない。私をして何かうながしてくる。じっとさせておかない。そういうはたらきをもっているということが、押さえられるんでしょう。

そしてその次には、「道なり、信なり」とございます。この信は音信という意味で、訪れですね。これは信國《のぶくに》淳《あつし》先生のお言葉ですが、「われら　皆共に安んじて　いのちに立たむ　いのちすなわち　念仏往生の　道なればなり」（『いのち、みな生きらるべし』樹心社、巻頭口絵写真）。右往左往することではない。問題をそこに追いかけ回すことではない。私が私のいのちの事実に立ち、自分のいのちの事実を尽くして生きる。そのことがそのまま、念仏往生の道として、周りの人々にも伝わっていく。そこにお互いの歩みにおいてうなずき合う。そういう意味で、いのちは、お互いに通じ合う道として、そしてお互いにその訪れを聞き取り合っている、そういう関わりとして、このうなずき合うはたらきがあるわけですね。うなずき合うというはたらきでございます。

そして、最後に「計《はからう》なり、召《めす》なり」ということでございます。これはどちらも、計は方法を立てていくという、方法を尽くすという意味ですね。計り、そして召すなりと。これはつまり一言で言えば、願いをかけられ、呼びかけられている。「召なり」ですね。いのちとは、決して私の分別をもって成り立っているものではない。願いを受けて、このいのちが今生かされてある。そういう願いを掛けられているものであり、またそこに呼びかけられているもの。呼びかけを受けているものなのだということですね。そこにいのちというものは、決して私のいのち、お前のいのちと、こうバラバラに歩むものじゃない。いのちはそれぞれの身に生きられているんですけれども、それぞれの身に生きられているいのちは、身を超えて、互いに呼びかけ合い、うながし合い、うなずき合う。そういう限りないつながり、限りない広がりを持っているものなんだと。私たちは、そういういのちの世界を、自分の思いの中に閉じ込めて生きてきた。自分の理性に包み込んできて、理性を何よりの物差しとしてきた。その結果が、今日の歪んだ世界のありさまを作り出してきたのでございますね。

私たちは、自分の分別、理知に立っている。そういう在り方をひるがえして、さあいのちの事実に帰ろうと、お互いのいのちの事実に帰っていこうという呼びかけ。善導大師は、それを「帰去来《いざいなん》」（聖典二八四頁・三五五頁）と言われています。さあ帰ろうと、こう繰り返しおっしゃるわけでございます。私たちが、仏道を歩むということは、何か理想の状態を追って求めていくということではございません。いのちの事実に帰ろうという、うながしでございましょう。そういう、うながしを、じつは念仏者は日々の営みの中に感じ取り、そのうながしを聞き直しながら生きていく。そしてそこに、多くのすべてのいのちと切り離すことのできないつながりを感じ、そのつながりの中に自分を受け止めて生きていく。そういう生活が始まるのが、念仏者の「しるし」なんだということです。

「ねんごろ」とは、そういういのちの事実に帰る、いのちの事実にお互いにうながされながら生きていこうということを、押さえられているんだと、私は受け取らせてもらっております。

「ねんごろ」というのは、何も、人に対して心細やかな愛情をもつということでは決してないのでございましょう。今日の私たちが、いかに理知によって、あらゆるものをもズタズタに切り裂いてきたか、そのことを深く悲しむ。そういう心において、いのちの叫びというものを聞き直し、いのちの事実にお互いに共に帰って行こうじゃないかということが、その言葉の中に込められてあるように思うわけでございます。

今日、これでもか、これでもかというほど、次から次へと問題が起こっております。その問題に、私たちはそれぞれの理知で応えていこうとしております。けれども、そうではなくて、起こってくる事件というものは、すべて、いかに理知による生活が人間を傷つけ、バラバラにし、人間としての在り方を失わせるかということを、訴えているわけでございます。私たちは、今こそ、「ねんごろ」という言葉で親鸞聖人が教えてくださっている、うなずき合える世界を共に生きるということが求められているのではないかと思います。

あとがき

宮城先生は二〇〇八年十一月に七十七歳で亡くなられた。亡くなられる三年ほど前から体調を崩され、それ以降は出講されていない。この本に収められているのは二〇〇二年と二〇〇四年の講話であり、先生最晩年のものということになる。

これらの講話は真宗大谷派岡崎教区第十七組主催の夏期真宗講座（「非僧非俗の精神」二〇〇二年七月十三日・「宗祖の御消息に学ぶ」二〇〇四年七月十三日）の記録で、ともに安城市にある碧海教会を会場にして行われた。七月の猛暑の中、冷房設備のない本堂で午前午後にわたり、万全でないお身体に無理を強いてしまい、今さらに申し訳ないことをしてしまったと身が縮む。この度、その講義録を編集する機会を得て、当時のことを思い出しながら、あらためて身を引き締めて読み直すことができた。

先生は「非僧非俗」という言葉は「人間とは何ぞや」という問いかけに聞こえると言われている。人間は僧であれ俗であれ、だれにでも確かなものを求める「道意」があり、その道意において人を尊び、その道意において人と出会う。それを非僧非俗の精神ととらえ、その精神に生きるものこそが人間だと受け止めておられる。そして、先生ご自身がその精神に生きようとされたことが文面から伝わってくる。

その非僧非俗の精神はまた、親鸞聖人の『御消息』に語られる「ねんごろのこころ」と一つだ。それは命を共にして生きるということであり、先生は「命は本来つながりの中にしかない」と言い切られる。「ねんごろ」という言葉はふつう、人に対する細やかな愛情をもつこととして使われるが、先生はむしろ相手を理知によってズタズタに切り裂いてきたことを悲しむところに「ねんごろのこころ」があると言われる。

今日、毎日のように悲惨な出来事が起き、耳を疑い目を覆いたくなるような報道に触れて、こちらの感性がマヒしそうになる。それらは直接私の身の上に起こっていることではなくても、私が生きている時代の問題が噴き出しているという意味において、私と無関係な出来事とは言えない。いじめや虐待の問題、障害者差別やヘイトスピーチ……、これらを生み出している心根は私の日常のさりげない態度にもひそんでいる。だからこそ、私自身がかかわるすべての人とのつながりの中に、人間としての尊厳を見落とさない視点を確保したい。

自分さえよければいいというどころか、他人のことなど目に入らないという現代の風潮の中で、「非僧非俗」「ねんごろのこころ」という親鸞聖人の視点は、人間としての他者とのかかわり方を根本から問い質してくる。

コンピューターを駆使し、あらゆる情報があふれる生活をしている現代人であっても、むしろそういう生活をしているから抜け落ちることがある。だからこそ「非僧非俗の精神」「ねんごろのこころ」という視点は、そういう現代を生きる私たちの心底に響いてくるものがあるのだと思う。

ここに収められた講話の中にも「身の事実に立つ」「いのちの事実に帰ろう」という言葉があるが、宮城先生のご生涯はこのことを呼びかけ続けてくださったものであったと私は受け止めている。

二〇二〇年の十一月、先生の十三回忌を迎える。それに向けて、先生の本を法藏館より何冊か出していこうということになった。本書をはじめ、これらの本が多くの方々の宮城先生との新たな出会い、そして出会いなおしのご縁となることを願っている。

二〇一九年九月

真宗大谷派西岸寺　前住職　松林　了

宮城　顗（みやぎ　しずか）
1931年、京都市に生まれる。大谷大学文学部卒業。大谷専修学院講師、教学研究所所員、真宗教学研究所所長を歴任。真宗大谷派本福寺前住職。九州大谷短期大学名誉教授。2008年11月21日逝去。

僧にあらず、俗にあらず
——確かな生き方を求めて——

二〇一九年九月二〇日　初版第一刷発行

著　者　宮城　顗
発行者　西村明高
発行所　株式会社　法藏館
京都市下京区正面通烏丸東入
郵便番号　六〇〇-八一五三
電話　〇七五-三四三-〇〇三〇（編集）
〇七五-三四三-五六五六（営業）

装幀者　野田和浩
印刷・製本　中村印刷株式会社

ISBN978-4-8318-7920-2 C0015

宮城顗の本

念仏が開く世界　二七八円

真宗門徒の生活に自信を持とう　一、〇〇〇円

後生の一大事　一、〇〇〇円

〝このことひとつ〟という歩み　唯信鈔に聞く　二、八〇〇円

正信念仏偈講義　全五巻　二七、六七〇円

宮城顗選集　全一七巻　宮城顗選集刊行会編　各七、〇〇〇円

①論集
②〜④講座集Ⅰ〜Ⅲ
⑤⑥講演集ⅠⅡ
⑦浄土三部経聞記
⑧⑨嘆仏偈聞記、本願文聞記ⅠⅡ
⑩〜⑬教行信証聞記Ⅰ〜Ⅳ
⑭⑮浄土文類聚鈔聞記ⅠⅡ
⑯⑰浄土論註聞記ⅠⅡ

法藏館　（価格は税別）